경비업 법규

머리말

   이 책은 방사선사, 공무원 등의 자격시험을 준비하는 수험생들을 위해 만들었습니다. 자격시험은 수험 전략을 어떻게 짜느냐가 등락을 좌우합니다. 짧은 기간 내에 승부를 걸어야 하는 수험생들은 방대한 분량을 자신의 것으로 정리하고 이해해 나가는 과정에서 시간과 노력을 낭비하지 않도록 주의를 기울여야 합니다.

   수험생들이 법령을 공부하는 데 조금이나마 시간을 줄이고 좀 더 학습에 집중할 수 있도록 본서는 다음과 같이 구성하였습니다.

   첫째, 법률과 그 시행령 및 시행규칙, 그리고 부칙과 별표까지 자세하게 실었습니다.

   둘째, 법 조항은 물론 그와 관련된 시행령과 시행규칙을 한눈에 알아볼 수 있도록 체계적으로 정리하였습니다.

   셋째, 최근 법령까지 완벽하게 반영하여 별도로 찾거나 보완하는 번거로움을 줄였습니다.

   모쪼록 이 책이 수업생 여러분에게 많은 도움이 되기를 바랍니다. 쉽지 않은 여건에서 시간을 쪼개어 책과 씨름하며 자기개발에 분투하는 수험생 여러분의 건승을 기원합니다.

2022년 4월

법(法)의 개념

1. 법 정의
① 국가의 강제력을 수반하는 사회 규범.
② 국가 및 공공 기관이 제정한 법률, 명령, 조례, 규칙 따위이다.
③ 다 같이 자유롭고 올바르게 잘 살 것을 목적으로 하는 규범이며,
④ 서로가 자제하고 존중함으로써 더불어 사는 공동체를 형성해 가는 평화의 질서.

2. 법 시행
① 발안
② 심의
③ 공포
④ 시행

3. 법의 위계구조
① 헌법(최고의 법)
② 법률 : 국회의 의결 후 대통령이 서명ㆍ공포
③ 명령 : 행정기관에 의하여 제정되는 국가의 법령(대통령령, 총리령, 부령)
④ 조례 : 지방자치단체가 지방자치법에 의거하여 그 의회의 의결로 제정
⑤ 규칙 : 지방자치단체의 장(시장, 군수)이 조례의 범위 안에서 사무에 관하여 제정

4. 법 분류
① 공법 : 공익보호 목적(헌법, 형법)
② 사법 : 개인의 이익보호 목적(민법, 상법)
③ 사회법 : 인간다운 생활보장(근로기준법, 국민건강보험법)

5. 형벌의 종류
① 사형
② 징역 : 교도소에 구치(유기, 무기징역, 노역 부과)

③ 금고 : 명예 존중(노역 비부과)

④ 구류 : 30일 미만 교도소에서 구치(노역 비부과)

⑤ 벌금 : 금액을 강제 부담

⑥ 과태료 : 공법에서, 의무 이행을 태만히 한 사람에게 벌로 물게 하는 돈(경범죄처벌법, 교통범칙금)

⑦ 몰수 : 강제로 국가 소유로 권리를 넘김

⑧ 자격정지 : 명예형(名譽刑), 일정 기간 동안 자격을 정지시킴(유기징역 이하)

⑨ 자격상실 : 명예형(名譽刑), 일정한 자격을 갖지 못하게 하는 일(무기금고이상). 공법상 공무원이 될 자격, 피선거권, 법인 임원 등

차례

제1부

경비업법

제1장 총칙

제1조 목적

이 법은 경비업의 육성 및 발전과 그 체계적 관리에 관하여 필요한 사항을 정함으로써 경비업의 건전한 운영에 이바지함을 목적으로 한다.

제2조(정의)

이 법에서 사용하는 용어의 정의는 다음과 같다. 〈개정 2005. 5. 31., 2013. 6. 7.〉

1. "경비업"이라 함은 다음 각목의 1에 해당하는 업무(이하 "경비업무"라 한다)의 전부 또는 일부를 도급받아 행하는 영업을 말한다.

   가. 시설경비업무 : 경비를 필요로 하는 시설 및 장소(이하 "경비대상시설"이라 한다)에서의 도난·화재 그 밖의 혼잡 등으로 인한 위험발생을 방지하는 업무

   나. 호송경비업무 : 운반중에 있는 현금·유가증권·귀금속·상품 그 밖의 물건에 대하여 도난·화재 등 위험발생을 방지하는 업무

   다. 신변보호업무 : 사람의 생명이나 신체에 대한 위해의 발생을 방지하고 그 신변을 보호하는 업무

   라. 기계경비업무 : 경비대상시설에 설치한 기기에 의하여 감지·송신된 정보를 그 경비대상시설외의 장소에 설치한 관제시설의 기기로 수신하여 도난·화재 등 위험발생을 방지하는 업무

   마. 특수경비업무 : 공항(항공기를 포함한다) 등 대통령령이 정하는 국가중요시설(이하 "국가중요시설"이라 한다)의 경비 및 도난·화재 그 밖의 위험발생을 방지하는 업무

2. "경비지도사"라 함은 경비원을 지도·감독 및 교육하는 자를 말하며 일반경비지도사와 기계경비지도사로 구분한다.

3. "경비원"이라 함은 제4조제1항의 규정에 의하여 경비업의 허가를 받은 법인(이하 "경비업자"라 한다)이 채용한 고용인으로서 다음 각목의 1에 해당하는 자를 말한다.

   가. 일반경비원 : 제1호 가목 내지 라목의 경비업무를 수행하는 자

   나. 특수경비원 : 제1호 마목의 경비업무를 수행하는 자

4. "무기"라 함은 인명 또는 신체에 위해를 가할 수 있도록 제작된 권총·소총 등을 말한다.

5. "집단민원현장"이란 다음 각 목의 장소를 말한다.

가. 「노동조합 및 노동관계조정법」에 따라 노동관계 당사자가 노동쟁의 조정신청을 한 사업장 또는 쟁의행위가 발생한 사업장

나. 「도시 및 주거환경정비법」에 따른 정비사업과 관련하여 이해대립이 있어 다툼이 있는 장소

다. 특정 시설물의 설치와 관련하여 민원이 있는 장소

라. 주주총회와 관련하여 이해대립이 있어 다툼이 있는 장소

마. 건물·토지 등 부동산 및 동산에 대한 소유권·운영권·관리권·점유권 등 법적 권리에 대한 이해대립이 있어 다툼이 있는 장소

바. 100명 이상의 사람이 모이는 국제·문화·예술·체육 행사장

사. 「행정대집행법」에 따라 대집행을 하는 장소

제3조(법인)

경비업은 법인이 아니면 이를 영위할 수 없다.

제2장 경비업의 허가 등

제4조(경비업의 허가)

① 경비업을 영위하고자 하는 법인은 도급받아 행하고자 하는 경비업무를 특정하여 그 법인의 주사무소의 소재지를 관할하는 시·도경찰청장의 허가를 받아야 한다. 도급받아 행하고자 하는 경비업무를 변경하는 경우에도 또한 같다. 〈개정 2020. 12. 22.〉

② 제1항에 따른 허가를 받고자 하는 법인은 다음 각 호의 요건을 갖추어야 한다.

〈개정 2013. 6. 7.〉

1. 대통령령으로 정하는 1억원 이상의 자본금의 보유

2. 다음 각 목의 경비인력 요건 가. 시설경비업무: 경비원 20명 이상 및 경비지도사 1명 이상 나. 시설경비업무 외의 경비업무: 대통령령으로 정하는 경비 인력

3. 제2호의 경비인력을 교육할 수 있는 교육장을 포함하여 대통령령으로 정하는 시설과 장비의 보유

4. 그 밖에 경비업무 수행을 위하여 대통령령으로 정하는 사항

③ 제1항의 규정에 의하여 경비업의 허가를 받은 법인은 다음 각호의 1에 해당하는 때에는 시·도 경찰청장에게 신고하여야 한다. 〈개정 2020. 12. 22.〉

　1. 영업을 폐업하거나 휴업한 때

　2. 법인의 명칭이나 대표자·임원을 변경한 때

　3. 법인의 주사무소나 출장소를 신설·이전 또는 폐지한 때

　4. 기계경비업무의 수행을 위한 관제시설을 신설·이전 또는 폐지한 때

　5. 특수경비업무를 개시하거나 종료한 때

　6. 그 밖에 대통령령이 정하는 중요사항을 변경한 때

④ 제1항 및 제3항의 규정에 의한 허가 또는 신고의 절차, 신고의 기한 등 허가 및 신고에 관하여 필요한 사항은 대 통령령으로 정한다.

제4조의2(허가의 제한)

① 누구든지 제4조제1항에 따른 허가를 받은 경비업체와 동일한 명칭으로 경비업 허가를 받을 수 없다.

② 제19조제1항제2호 및 제7호의 사유로 경비업체의 허가가 취소된 경우 허가가 취소된 날부터 10 년이 지나지 아 니한 때에는 누구든지 허가가 취소된 경비업체와 동일한 명칭으로 제4조제1항 에 따른 허가를 받을 수 없다.

③ 제19조제1항제2호 및 제7호의 사유로 허가가 취소된 법인은 법인명 또는 임원의 변경에도 불구 하고 허가가 취 소된 날부터 5년이 지나지 아니한 때에는 제4조제1항에 따른 허가를 받을 수 없 다. [본조신설 2013. 6. 7.]

제5조(임원의 결격사유)

다음 각 호의 어느 하나에 해당하는 자는 경비업을 영위하는 법인(제4호에 해당하는 자의 경우 에 는 특수경비업무를 수행하는 법인을 말하고, 제5호에 해당하는 자의 경우에는 허가취소사유에 해당 하는 경비업무 와 동종의 경비업무를 수행하는 법인을 말한다)의 임원이 될 수 없다.

〈개정 2008. 2. 29., 2013. 6. 7., 2014. 12. 30., 2021. 1. 12.〉

　1. 피성년후견인

　2. 파산선고를 받고 복권되지 아니한 자

　3. 금고 이상의 형의 선고를 받고 그 형이 실효되지 아니한 자

　4. 이 법 또는 「대통령 등의 경호에 관한 법률」에 위반하여 벌금형의 선고를 받고 3년이 지

나지 아니한 자

5. 이 법(제19조제1항제2호 및 제7호는 제외한다) 또는 이 법에 의한 명령에 위반하여 허가가 취소된 법인의 허가취소 당시의 임원이었던 자로서 그 취소 후 3년이 지나지 아니한 자

6. 제19조제1항제2호 및 제7호의 사유로 허가가 취소된 법인의 허가취소 당시의 임원이었던 자로서 허가가 취소된 날부터 5년이 지나지 아니한 자

제6조(허가의 유효기간 등)

① 제4조제1항의 규정에 의한 경비업 허가의 유효기간은 허가받은 날부터 5년으로 한다.

② 제1항의 규정에 의한 유효기간이 만료된 후 계속하여 경비업을 하고자 하는 법인은 행정안전부령으로 정하는 바 에 따라 갱신허가를 받아야 한다.

〈개정 2008. 2. 29., 2013. 3. 23., 2014. 11. 19., 2017. 7. 26.〉

제7조(경비업자의 의무)

① 경비업자는 경비대상시설의 소유자 또는 관리자(이하 "시설주"라 한다)의 관리권의 범위안에서 경비업무를 수행하여야 하며, 다른 사람의 자유와 권리를 침해하거나 그의 정당한 활동에 간섭하여서는 아니된다.

② 경비업자는 경비업무를 성실하게 수행하여야 하고, 도급을 의뢰받은 경비업무가 위법 또는 부당한 것일 때에는 이를 거부하여야 한다.

③ 경비업자는 불공정한 계약으로 경비원의 권익을 침해하거나 경비업의 건전한 육성과 발전을 해치는 행위를 하여 서는 아니된다.

④ 경비업자의 임 · 직원이거나 임 · 직원이었던 자는 다른 법률에 특별한 규정이 있는 경우를 제외하고는 그 직무상 알게 된 비밀을 누설하거나 다른 사람에게 제공하여 이용하도록 하는 등 부당한 목적을 위하여 사용하여서는 아니 된다.

⑤ 경비업자는 허가받은 경비업무외의 업무에 경비원을 종사하게 하여서는 아니된다.

⑥ 경비업자는 집단민원현장에 경비원을 배치하는 때에는 경비지도사를 선임하고 그 장소에 배치하여 행정안전부 령으로 정하는 바에 따라 경비원을 지도 · 감독하게 하여야 한다.

〈신설 2013. 6. 7., 2014. 11. 19., 2017. 7. 26.〉

⑦ 특수경비업무를 수행하는 경비업자(이하 "특수경비업자"라 한다)는 제4조제3항제5호의 규정에 의한 특수경비업 무의 개시신고를 하는 때에는 국가중요시설에 대한 특수경비업무의 수행이 중단되는 경우 시설주의 동의를 얻어 다른 특수경비업자중에서 경비업무를 대행할 자(이하 "경비대행업자"라 한다)를 지정하여 허가관청에 신고하여야 한다. 경비대행업자의 지정을 변경하

는 경우에도 또한 같다. 〈개정 2013. 6. 7.〉

⑧ 특수경비업자는 국가중요시설에 대한 특수경비업무를 중단하게 되는 경우에는 미리 이를 제7항의 규정에 의한 경비대행업자에게 통보하여야 하며, 경비대행업자는 통보받은 즉시 그 경비업무를 인수하여야 한다. 이 경우 제7항 의 규정은 경비대행업자에 대하여 이를 준용한다. 〈개정 2013. 6. 7., 2014. 12. 30.〉

⑨ 특수경비업자는 이 법에 의한 경비업과 경비장비의 제조·설비·판매업, 네트워크를 활용한 정보산업, 시설물 유 지관리업 및 경비원 교육업 등 대통령령이 정하는 경비관련업외의 영업을 하여서는 아니된다. 〈개정 2002. 12. 18., 2013. 6. 7.〉

[2002. 12. 18. 법률 제6787호에 의하여 2002. 4. 25. 헌법재판소에서 위헌 결정된 이 조를 개정함.]

제7조의2(경비업무 도급인 등의 의무)

① 누구든지 제4조제1항에 따른 허가를 받지 아니한 자에게 경비업무를 도급하 여서는 아니 된다.

② 누구든지 집단민원현장에 경비인력을 20명 이상 배치하려고 할 때에는 그 경비인력을 직접 고용하여서는 아니 되고, 경비업자에게 경비업무를 도급하여야 한다. 다만, 시설주 등이 집단민원현장 발생 3개월 전까지 직접 고용하 여 경비업무를 수행하는 피고용인의 경우에는 그러하지 아니하다.

③ 제1항 및 제2항에 따라 경비업무를 도급하는 자는 그 경비업무를 수급한 경비업자의 경비원 채용 시 무자격자나 부적격자 등을 채용하도록 관여하거나 영향력을 행사해서는 아니 된다. 〈신설 2015. 7. 20.〉

④ 제3항에 따른 무자격자 및 부적격자의 구체적인 범위 등은 대통령령으로 정한다. 〈신설 2015. 7. 20.〉

[본조신설 2013. 6. 7.]

제3장 기계경비업무

제8조(대응체제)

기계경비업무를 수행하는 경비업자(이하 "기계경비업자"라 한다)는 경비대상시설에 관한 경보를 수신 한 때에는 신속하게 그 사실을 확인하는 등 필요한 대응조치를 취하여야 하며, 이를 위한 대응체제를 갖추어야 한다.

제9조(오경보의 방지 등)

① 기계경비업자는 경비계약을 체결하는 때에는 오경보를 막기 위하여 계약상대방에게 기기사 용요령 및 기계경비운영체계 등에 관하여 설명하여야 하며, 각종 기기가 오작동되지 아니하도록 관리하여야 한다.

② 기계경비업자는 대응조치 등 업무의 원활한 운영과 개선을 위하여 대통령령이 정하는 바에 따라 관련 서류를 작 성 · 비치하여야 한다.

제4장 경비지도사 및 경비원

제10조(경비지도사 및 경비원의 결격사유)

① 다음 각 호의 어느 하나에 해당하는 자는 경비지도사 또는 일반경비원이 될 수 없다.

〈개정 2013. 6. 7., 2014. 12. 30., 2021. 1. 12.〉

1. 18세 미만인 사람 또는 피성년후견인

2. 파산선고를 받고 복권되지 아니한 자

3. 금고 이상의 실형의 선고를 받고 그 집행이 종료(집행이 종료된 것으로 보는 경우를 포함한다)되거나 집행이 면 제된 날부터 5년이 지나지 아니한 자

4. 금고 이상의 형의 집행유예선고를 받고 그 유예기간중에 있는 자

5. 다음 각 목의 어느 하나에 해당하는 죄를 범하여 벌금형을 선고받은 날부터 10년이 지나지 아니하거나 금고 이상 의 형을 선고받고 그 집행이 종료된(종료된 것으로 보는 경우를 포함한다) 날 또는 집행이 유예 · 면제된 날부터 10년이 지나지 아니한 자 가. 「형법」 제114조의 죄

나. 「폭력행위 등 처벌에 관한 법률」 제4조의 죄

다. 「형법」 제297조, 제297조의2, 제298조부터 제301조까지, 제301조의2, 제302조, 제303조, 제305조, 제305조의 2의 죄

라. 「성폭력범죄의 처벌 등에 관한 특례법」 제3조부터 제11조까지 및 제15조(제3조부터 제9조까지의 미수범만 해당한다)의 죄

마. 「아동·청소년의 성보호에 관한 법률」 제7조 및 제8조의 죄

바. 다목부터 마목까지의 죄로서 다른 법률에 따라 가중처벌되는 죄

6. 다음 각 목의 어느 하나에 해당하는 죄를 범하여 벌금형을 선고받은 날부터 5년이 지나지 아니하거나 금고 이상 의 형을 선고받고 그 집행이 유예된 날부터 5년이 지나지 아니한 자

가. 「형법」 제329조부터 제331조까지, 제331조의2 및 제332조부터 제343조까지의 죄

나. 가목의 죄로서 다른 법률에 따라 가중처벌되는 죄

다. 삭제 〈2014.12.30〉

라. 삭제 〈2014.12.30〉

7. 제5호 다목부터 바목까지의 어느 하나에 해당하는 죄를 범하여 치료감호를 선고받고 그 집행이 종료된 날 또는 집행이 면제된 날부터 10년이 지나지 아니한 자 또는 제6호 각 목의 어느 하나에 해당하는 죄를 범하여 치료감호 를 선고받고 그 집행이 면제된 날부터 5년이 지나지 아니한 자

8. 이 법이나 이 법에 따른 명령을 위반하여 벌금형을 선고받은 날부터 5년이 지나지 아니하거나 금고 이상의 형을 선고받고 그 집행이 유예된 날부터 5년이 지나지 아니한 자

② 다음 각 호의 어느 하나에 해당하는 자는 특수경비원이 될 수 없다.

〈개정 2008. 2. 29., 2009. 4. 1., 2013. 3. 23., 2013. 6. 7., 2014. 11. 19., 2014. 12. 30., 2017. 7. 26., 2021. 1. 12.〉

1. 18세 미만이거나 60세 이상인 사람 또는 피성년후견인

2. 심신상실자, 알코올 중독자 등 대통령령으로 정하는 정신적 제약이 있는 자

3. 제1항제2호부터 제8호까지의 어느 하나에 해당하는 자

4. 금고 이상의 형의 선고유예를 받고 그 유예기간중에 있는 자

5. 행정안전부령으로 정하는 신체조건에 미달되는 자

③ 경비업자는 제1항 각호 또는 제2항 각호의 결격사유에 해당하는 자를 경비지도사 또는 경비원으로 채용 또는 근 무하게 하여서는 아니된다.

제11조(경비지도사의 시험 등)

① 경비지도사는 제10조제1항 각호의 1에 해당하지 아니하는 자로서 경찰청장이 시행하 는 경비지도사시험에 합격하고 행정안전부령으로 정하는 교육을 받은 자이어야 한다.

〈개정 2008. 2. 29., 2013. 3. 23., 2014. 11. 19., 2017. 7. 26.〉

② 경찰청장은 제1항의 규정에 의한 교육을 받은 자에게 행정안전부령으로 정하는 바에 따라

경비지도사자격증을 교부하여야 한다. 〈개정 2008. 2. 29., 2013. 3. 23., 2014. 11. 19., 2017. 7. 26.〉

③ 경비지도사시험은 매년 1회 이상 시행하며, 시험과목, 시험공고, 시험의 일부가 면제되는 자의 범위 그 밖에 경비 지도사시험에 관하여 필요한 사항은 대통령령으로 정한다.

〈개정 2017. 10. 24.〉

제12조(경비지도사의 선임 등)

① 경비업자는 대통령령이 정하는 바에 따라 경비지도사를 선임하여야 한다.

② 제1항의 규정에 의하여 선임된 경비지도사의 직무는 다음과 같다. 〈개정 2013. 6. 7.〉

　1. 경비원의 지도 · 감독 · 교육에 관한 계획의 수립 · 실시 및 그 기록의 유지

　2. 경비현장에 배치된 경비원에 대한 순회점검 및 감독

　3. 경찰기관 및 소방기관과의 연락방법에 대한 지도

　4. 집단민원현장에 배치된 경비원에 대한 지도 · 감독 5. 그 밖에 대통령령이 정하는 직무

③ 선임된 경비지도사는 제2항 각호의 규정에 의한 직무를 대통령령이 정하는 바에 따라 성실하게 수행하여야 한다.

제13조(경비원의 교육 등)

① 경비업자는 경비업무를 적정하게 실시하기 위하여 경비원으로 하여금 대통령령으로 정하는 바에 따라 경비원 신임교육 및 직무교육을 받게 하여야 한다. 다만, 경비업자는 대통령령으로 정하는 경력 또는 자격을 갖춘 일반경비원을 신임교육 대상에서 제외할 수 있다.

〈개정 2013. 6. 7., 2016. 1. 26.〉

② 경비원이 되려는 사람은 대통령령으로 정하는 교육기관에서 미리 일반경비원 신임교육을 받을 수 있다. 〈신설 2016. 1. 26.〉

③ 특수경비업자는 대통령령으로 정하는 바에 따라 특수경비원으로 하여금 특수경비원 신임교육과 정기적인 직무 교육을 받게 하여야 하고, 특수경비원 신임교육을 받지 아니한 자를 특수경비업무에 종사하게 하여서는 아니 된다. 〈개정 2013. 6. 7., 2016. 1. 26.〉

④ 제3항에 의한 특수경비원의 교육시 관할경찰서 소속 경찰공무원이 교육기관에 입회하여 대통령령이 정하는 바에 따라 지도 · 감독하여야 한다. 〈개정 2016. 1. 26.〉

제14조(특수경비원의 직무 및 무기사용 등)

① 특수경비업자는 특수경비원으로 하여금 배치된 경비구역안에서 관할 경 찰서장 및 공항경찰대장 등 국가중요시설의 경비책임자(이하 "관할 경찰관서장"이라 한다)와 국가중요시설의

시설주 의 감독을 받아 시설을 경비하고 도난 · 화재 그 밖의 위험의 발생을 방지하는 업무를 수행하게 하여야 한다.

② 특수경비원은 국가중요시설에 대한 경비업무 수행중 국가중요시설의 정상적인 운영을 해치는 장해를 일으켜서 는 아니된다.

③ 시 · 도경찰청장은 국가중요시설에 대한 경비업무의 수행을 위하여 필요하다고 인정하는 때에는 시설주의 신청 에 의하여 무기를 구입한다. 이 경우 시설주는 그 무기의 구입대금을 지불하고, 구입한 무기를 국가에 기부채납하여 야 한다. 〈개정 2020. 12. 22.〉

④ 시 · 도경찰청장은 국가중요시설에 대한 경비업무의 수행을 위하여 필요하다고 인정하는 때에는 관할경찰관서장 으로 하여금 시설주의 신청에 의하여 시설주로부터 국가에 기부채납된 무기를 대여하게 하고, 시설주는 이를 특수 경비원으로 하여금 휴대하게 할 수 있다. 이 경우 특수경비원은 정당한 사유없이 무기를 소지하고 배치된 경비구역 을 벗어나서는 아니된다. 〈개정 2020. 12. 22.〉

⑤ 시설주가 제4항의 규정에 의하여 대여받은 무기에 대하여 시설주 및 관할 경찰관서장은 무기의 관리책임을 지고, 관할 경찰관서장은 시설주 및 특수경비원의 무기관리상황을 대통령령이 정하는 바에 따라 지도 · 감독하여야 한다. 〈개정 2014. 12. 30.〉

⑥ 관할 경찰관서장은 무기의 적정한 관리를 위하여 제4항의 규정에 의하여 무기를 대여받은 시설주에 대하여 필요 한 명령을 발할 수 있다. 〈개정 2014. 12. 30.〉

⑦ 시설주로부터 무기의 관리를 위하여 지정받은 책임자(이하 "관리책임자"라 한다)는 다음 각 호에 의하여 이를 관 리하여야 한다.

1. 무기출납부 및 무기장비운영카드를 비치 · 기록하여야 한다.

2. 무기는 관리책임자가 직접 지급 · 회수하여야 한다.

⑧ 특수경비원은 국가중요시설의 경비를 위하여 무기를 사용하지 아니하고는 다른 수단이 없다고 인정되는 때에는 필요한 한도안에서 무기를 사용할 수 있다. 다만, 다음 각호의 1에 해당하는 때를 제외하고는 사람에게 위해를 끼쳐 서는 아니된다.

1. 무기 또는 폭발물을 소지하고 국가중요시설에 침입한 자가 특수경비원으로부터 3회 이상 투기(投棄) 또는 투항 (投降)을 요구받고도 이에 불응하면서 계속 항거하는 경우 이를 억제하기 위하여 무기를 사용하지 아니하고는 다 른 수단이 없다고 인정되는 때

2. 국가중요시설에 침입한 무장간첩이 특수경비원으로부터 투항(投降)을 요구받고도 이에 불응한 때

⑨ 특수경비원의 무기휴대, 무기종류, 그 사용기준 및 안전검사의 기준 등에 관하여 필요한 사항은 대통령령으로 정 한다.

제15조(특수경비원의 의무)

① 특수경비원은 직무를 수행함에 있어 시설주·관할 경찰관서장 및 소속상사의 직무상 명 령에 복종하여야 한다.

② 특수경비원은 소속상사의 허가 또는 정당한 사유없이 경비구역을 벗어나서는 아니된다.

③ 특수경비원은 파업·태업 그 밖에 경비업무의 정상적인 운영을 저해하는 일체의 쟁의행위를 하여서는 아니된다.

④ 특수경비원이 무기를 휴대하고 경비업무를 수행하는 때에는 다음 각호의 1에 정하는 무기의 안전사용수칙을 지켜야 한다.

　1. 특수경비원은 사람을 향하여 권총 또는 소총을 발사하고자 하는 때에는 미리 구두 또는 공포탄에 의한 사격으로 상대방에게 경고하여야 한다. 다만, 다음 각목의 1에 해당하는 경우로서 부득이한 때에는 경고하지 아니할 수 있다.

　　가. 특수경비원을 급습하거나 타인의 생명·신체에 대한 중대한 위험을 야기하는 범행이 목전에 실행되고 있는 등 상황이 급박하여 경고할 시간적 여유가 없는 경우

　　나. 인질·간첩 또는 테러사건에 있어서 은밀히 작전을 수행하는 경우

　2. 특수경비원은 무기를 사용하는 경우에 있어서 범죄와 무관한 다중의 생명·신체에 위해를 가할 우려가 있는 때에는 이를 사용하여서는 아니된다. 다만, 무기를 사용하지 아니하고는 타인 또는 특수경비원의 생명·신체에 대한 중대한 위험을 방지할 수 없다고 인정되는 때에는 필요한 최소한의 범위 안에서 이를 사용할 수 있다.

　3. 특수경비원은 총기 또는 폭발물을 가지고 대항하는 경우를 제외하고는 14세 미만의 자 또는 임산부에 대하여는 권총 또는 소총을 발사하여서는 아니된다.

제15조의2(경비원 등의 의무)

① 경비원은 직무를 수행함에 있어 타인에게 위력을 과시하거나 물리력을 행사하는 등 경비업무의 범위를 벗어난 행위를 하여서는 아니된다.

② 누구든지 경비원으로 하여금 경비업무의 범위를 벗어난 행위를 하게 하여서는 아니된다.

[본조신설 2005. 8. 4.]

제16조(경비원의 복장 등)

① 경비업자는 경찰공무원 또는 군인의 제복과 색상 및 디자인 등이 명확히 구별되는 소속 경비원의 복장을 정하고 이를 확인할 수 있는 사진을 첨부하여 주된 사무소를 관할하는 시·도경찰청장에게 행정안전부령으로 정하는 바에 따라 신고하여야 한다.

② 경비업자는 경비업무 수행 시 경비원에게 소속 경비업체를 표시한 이름표를 부착하도록 하고, 제1항에 따라 신고된 동일한 복장을 착용하게 하여야 하며, 복장에 소속 회사를 오인할 수 있는 표시를 하거나 다른 회사의 복장을 착용하게 하여서는 아니 된다. 다만, 집단민원현장이 아닌 곳에서 신변보호업무를 수행하는 경우 또는 경비업무의 성격상 부득이한 사유가 있어 관할 경찰관서장이 허용하는 경우에는 그러하지 아니하다.

③ 시·도경찰청장은 제1항에 따라 제출받은 사진을 검토한 후 경비업자에게 복장 변경 등에 대한 시정명령을 할 수 있다. 〈개정 2020. 12. 22.〉

④ 제3항에 따른 시정명령을 받은 경비업자는 이를 이행하여야 하고, 시·도경찰청장에게 행정안전부령으로 정하는 바에 따라 이행보고를 하여야 한다.

〈개정 2014. 11. 19., 2017. 7. 26., 2020. 12. 22.〉

⑤ 그 밖에 경비원의 복장 등에 필요한 사항은 행정안전부령으로 정한다.

〈개정 2014. 11. 19., 2017. 7. 26.〉

[전문개정 2013. 6. 7.]

제16조의2(경비원의 장비 등)

① 경비원이 휴대할 수 있는 장비의 종류는 경적·단봉·분사기 등 행정안전부령으로 정하되, 근무 중에만 이를 휴대할 수 있다. 〈개정 2014. 11. 19., 2017. 7. 26.〉

② 경비업자가 경비원으로 하여금 분사기를 휴대하여 직무를 수행하게 하는 경우에는 「총포·도검·화약류 등 단속법」에 따라 미리 분사기의 소지허가를 받아야 한다.

③ 누구든지 제1항의 장비를 임의로 개조하여 통상의 용법과 달리 사용함으로써 다른 사람의 생명·신체에 위해를 가하여서는 아니 된다.

④ 경비원은 경비업무를 위하여 필요하다고 인정되는 상당한 이유가 있을 때에는 필요한 최소한도에서 제1항의 장비를 사용할 수 있다.

⑤ 그 밖에 경비원의 장비 등에 관하여 필요한 사항은 행정안전부령으로 정한다.

〈개정 2014. 11. 19., 2017. 7. 26.〉

[본조신설 2013. 6. 7.]

제16조의3(출동차량 등)

① 경비업자는 출동차량 등의 도색 및 표지를 경찰차량 및 군차량과 명확히 구별될 수 있게 하여야 한다.

② 경비업자는 출동차량 등의 도색 및 표지를 정하고 이를 확인할 수 있는 사진을 첨부하여 주된 사무소를 관할하 는 시·도경찰청장에게 행정안전부령으로 정하는 바에 따라 신고하여야 한다. 〈개정 2014. 11. 19., 2017. 7. 26., 2020. 12. 22.〉

③ 시·도경찰청장은 제2항에 따라 제출받은 사진을 검토한 후 경비업자에게 도색 및 표지 변경 등에 대한 시정명 령을 할 수 있다. 〈개정 2020. 12. 22.〉

④ 제3항에 따른 시정명령을 받은 경비업자는 이를 이행하여야 하고, 시·도경찰청장에게 행정안전부령으로 정하 는 바에 따라 이행보고를 하여야 한다. 〈개정 2014. 11. 19., 2017. 7. 26., 2020. 12. 22.〉

⑤ 그 밖에 출동차량 등에 필요한 사항은 행정안전부령으로 정한다. 〈개정 2014. 11. 19., 2017. 7. 26.〉

[본조신설 2013. 6. 7.]

제17조(결격사유 확인을 위한 범죄경력조회 등)

① 경찰청장, 시·도경찰청장 또는 관할 경찰관서장은 직권으로 또는 제2항에 따른 범죄경력조회 요청이 있는 경우에는 경비업자의 임원, 경비지도사 또는 경비원이 제5조제3호·제4호, 제10조제1항제3호부터 제8호까지 또는 같은 조 제2항제3호·제4호에 따른 결격사유에 해당하는지를 확인하기 위 하여 「형의 실효 등에 관한 법률」 제6조에 따른 범죄경력조회를 할 수 있다. 〈개정 2020. 12. 22., 2021. 1. 12.〉

② 경비업자는 선출·선임·채용 또는 배치하려는 임원, 경비지도사 또는 경비원이 제5조제3호·제4호, 제10조제 1항제3호부터 제8호까지 또는 같은 조 제2항제3호·제4호에 따른 결격사유에 해당하는지를 확인하기 위하여 주된 사무소, 출장소 또는 배치장소를 관할하는 시·도경찰청장 또는 경찰관서장에게 「형의 실효 등에 관한 법률」 제6조 에 따른 범죄경력조회를 요청할 수 있다. 〈개정 2020. 12. 22., 2021. 1. 12.〉

③ 제2항에 따른 범죄경력조회 요청을 받은 시·도경찰청장 또는 관할 경찰관서장은 경비업자에게 그 결과를 통보 할 때에는 경비업자의 임원, 경비지도사 또는 경비원이 제5조제3호·제4호, 제10조제1항제3호부터 제8호까지 또는 같은 조 제2항제3호·제4호에 따른 결격사유에 해당하는지 여부만을 통보하여야 한다. 〈개정 2020. 12. 22., 2021. 1. 12.〉

④ 시·도경찰청장 또는 관할 경찰관서장은 경비업자의 임원, 경비지도사 또는 경비원이 제5조 각 호, 제10조제1항 각 호 또는 제2항 각 호의 결격사유에 해당하는 사실을 알게 되거나 이 법 또는 이 법에 따른 명령을 위반한 때에는 경비업자에게 그 사실을 통보하여야 한다. 〈개정 2020. 12. 22.〉

[전문개정 2013. 6. 7.]

제18조(경비원의 명부와 배치허가 등)

① 경비업자는 행정안전부령으로 정하는 바에 따라 경비원의 명부를 작성·비치 하여야 한다. 다만, 집단민원현장에 배치되는 일반경비원의 명부는 그 경비원이 배치되는 장소에도 작성·비치하여야 한다. 〈개정 2008. 2. 29., 2013. 3. 23., 2013. 6. 7., 2014. 11. 19., 2017. 7. 26.〉

② 경비업자가 경비원을 배치하거나 배치를 폐지한 경우에는 행정안전부령으로 정하는 바에 따라 관할 경찰관서장 에게 신고하여야 한다. 다만, 다음 제1호의 경우에는 경비원을 배치하기 48시간 전까지 행정안전부령으로 정하는 바에 따라 배치허가를 신청하고, 관할 경찰관서장의 배치허가를 받은 후에 경비원을 배치하여야 하며(제2호 및 제 3호의 경우에는 경비원을 배치하기 전까지 신고하여야 한다), 이 경우 관할 경찰관서장은 배치허가를 함에 있어 필 요한 조건을 붙일 수 있다. 〈개정 2005. 8. 4., 2008. 2. 29., 2013. 3. 23., 2013. 6. 7., 2014. 11. 19., 2017. 7. 26.〉

1. 제2조제1호가목에 따른 시설경비업무 또는 같은 호 다목에 따른 신변보호업무 중 집단민 원현장에 배치된 일반경비원

2. 집단민원현장이 아닌 곳에서 제2조제1호 다목의 규정에 의한 신변보호업무를 수행하는 일반경비원

3. 특수경비원

③ 관할 경찰관서장은 제2항 각 호 외의 부분 단서에 따른 배치허가 신청을 받은 경우 다음 각 호의 사유에 해당하 는 때에는 배치허가를 하여서는 아니 된다. 이 경우 관할 경찰관서장은 다음 각 호의 사유를 확인하기 위하여 소속 경찰관으로 하여금 그 배치장소를 방문하여 조사하게 할 수 있다. 〈신설 2013. 6. 7.〉

1. 제15조의2제1항 및 제2항을 위반하여 경비업무의 범위를 벗어난 행위를 할 우려가 있는 경우

2. 경비원 중 제10조제1항 또는 제2항에 해당하는 결격자나 제13조에 따른 신임교육을 받지 아니한 사람이 대통령 령으로 정하는 기준 이상으로 포함되어 있는 경우

3. 제24조에 따라 경비원의 복장·장비 등에 대하여 내려진 필요한 명령을 이행하지 아니하 는 경우

④ 제2항 각 호 외의 부분 단서에 따른 배치허가 신청을 받은 관할 경찰관서장은 배치되는 경비원 중 제10조제1항 또는 제2항에 해당하는 결격자가 있는 경우에는 그 사람을 제외하고 배치허가를 하여야 한다. 〈신설 2013. 6. 7.〉

⑤ 경비업자는 경비원을 배치하여 경비업무를 수행하게 하는 때에는 행정안전부령으로 정하는 바에 따라 배치된 경비원의 인적사항과 배치일시·배치장소 등 근무상황을 기록하여 보관하여야 한다. 〈신설 2013. 6. 7., 2014. 11. 19., 2017. 7. 26.〉

⑥ 경비업자는 다음 각 호의 어느 하나에 해당하는 죄를 범하여 벌금형을 선고받고 5년이 지나지 아니하거나 금고 이상의 형을 선고받고 그 집행이 유예된 날부터 5년이 지나지 아니한 자를 집단민원현장에 일반경비원으로 배치하 여서는 아니 된다. 〈신설 2013. 6. 7., 2016. 1. 6.〉

1. 「형법」 제257조부터 제262조까지, 제264조, 제276조부터 제281조까지의 죄, 제284조의 죄, 제285조의 죄, 제 320조의 죄, 제324조제2항의 죄, 제350조의2의 죄, 제351조의 죄(제350조, 제350조의2의 상습범으로 한정한다), 제369조제1항의 죄

2. 「폭력행위 등 처벌에 관한 법률」 제2조 또는 제3조의 죄

⑦ 경비업자는 제1항에 따른 경비원 명부에 없는 자를 경비업무에 종사하게 하여서는 아니 되고, 제2항에 따라 경 비원을 배치하는 경우에는 제13조에 따른 신임교육을 이수한 자를 배치하여야 한다. 〈신설 2013. 6. 7.〉

⑧ 관할 경찰관서장은 경비업자가 다음 각 호의 어느 하나에 해당하는 때에는 배치폐지를 명할 수 있다. 〈신설 2013. 6. 7.〉

1. 제2항 각 호 외의 부분 단서를 위반하여 배치허가를 받지 아니하고 경비원을 배치하거나 경비원 명단 및 배치일 시·배치장소 등 배치허가 신청의 내용을 거짓으로 한 때

2. 제6항의 결격사유에 해당하는 자를 집단민원현장에 일반경비원으로 배치한 때

3. 제7항을 위반하여 신임교육을 이수하지 아니한 자를 제2항 각 호의 경비원으로 배치한 때

4. 경비업자 또는 경비원이 위력이나 흉기 또는 그 밖의 위험한 물건을 사용하여 집단적 폭력사태를 일으킨 때

5. 경비업자가 제2항 각 호 외의 부분 본문을 위반하여 신고하지 아니하고 일반경비원을 배치한 때 [제목개정 2013. 6. 7.]

제19조(경비업 허가의 취소 등)

① 허가관청은 경비업자가 다음 각 호의 어느 하나에 해당하는 때에는 그 허가를 취소하 여야 한다. 〈개정 2002. 12. 18., 2013. 6. 7., 2017. 10. 24.〉

1. 허위 그 밖의 부정한 방법으로 허가를 받은 때
2. 제7조제5항의 규정에 위반하여 허가받은 경비업무외의 업무에 경비원을 종사하게 한 때
3. 제7조제9항의 규정에 위반하여 경비업 및 경비관련업외의 영업을 한 때
4. 정당한 사유없이 허가를 받은 날부터 2년 이내에 경비 도급실적이 없거나 계속하여 1년 이상 휴업한 때
5. 정당한 사유없이 최종 도급계약 종료일의 다음 날부터 2년 이내에 경비 도급실적이 없을 때
6. 영업정지처분을 받고 계속하여 영업을 한 때
7. 제15조의2제2항을 위반하여 소속 경비원으로 하여금 경비업무의 범위를 벗어난 행위를 하게 한 때
8. 제18조제8항에 따른 관할 경찰관서장의 배치폐지 명령에 따르지 아니한 때

② 허가관청은 경비업자가 다음 각 호의 어느 하나에 해당하는 때에는 대통령령으로 정하는 행정처분의 기준에 따 라 그 허가를 취소하거나 6개월 이내의 기간을 정하여 영업의 전부 또는 일부에 대하여 영업정지를 명할 수 있다. 〈신설 2013. 6. 7., 2020. 12. 22.〉

1. 제4조제1항 후단을 위반하여 시 · 도경찰청장의 허가 없이 경비업무를 변경한 때
2. 제7조제2항을 위반하여 도급을 의뢰받은 경비업무가 위법한 것임에도 이를 거부하지 아니한 때
3. 제7조제6항을 위반하여 경비지도사를 집단민원현장에 선임 · 배치하지 아니한 때
4. 제8조를 위반하여 경비대상 시설에 관한 경보 대응체제를 갖추지 아니한 때
5. 제9조제2항을 위반하여 관련 서류를 작성 · 비치하지 아니한 때
6. 제10조제3항을 위반하여 결격사유에 해당하는 경비원을 배치하거나 결격사유에 해당하는 경비지도사를 선임 · 배치한 때
7. 제12조제1항을 위반하여 경비지도사를 선임한 때
8. 제13조를 위반하여 경비원으로 하여금 교육을 받게 하지 아니한 때

9. 제16조에 따른 경비원의 복장 등에 관한 규정을 위반한 때

10. 제16조의2에 따른 경비원의 장비 등에 관한 규정을 위반한 때

11. 제16조의3에 따른 경비원의 출동차량 등에 관한 규정을 위반한 때

12. 제18조제1항 단서를 위반하여 집단민원현장에 일반경비원 명부를 작성·비치하지 아니한 때

13. 제18조제2항 각 호 외의 부분 단서를 위반하여 배치허가를 받지 아니하고 경비원을 배치하거나 경비원 명단 및 배치일시·배치장소 등 배치허가 신청의 내용을 거짓으로 한 때

14. 제18조제6항을 위반하여 결격사유에 해당하는 일반경비원을 집단민원현장에 배치한 때

15. 제24조에 따른 감독상 명령에 따르지 아니한 때

16. 제26조를 위반하여 손해를 배상하지 아니한 때

③ 허가관청은 제1항 및 제2항에 의하여 허가취소 또는 영업정지처분을 하는 때에는 경비업자가 허가받은 경비업무 중 허가취소 또는 영업정지사유에 해당되는 경비업무에 한하여 처분을 하여야 한다. 다만, 제1항제2호 및 제7호에 해당하여 허가취소를 하는 때에는 그러하지 아니하다.　〈개정 2013. 6. 7.〉

[2002. 12. 18. 법률 제6787호에 의하여 2002. 4. 25. 헌법재판소에서 위헌 결정된 이 조를 개정함.]

제20조(경비지도사자격의 취소 등)

① 경찰청장은 경비지도사가 다음 각호의 1에 해당하는 때에는 그 자격을 취소하여 야 한다.

〈개정 2014. 12. 30.〉

1. 제10조제1항 각호의 결격사유에 해당하게 된 때

2. 허위 그 밖의 부정한 방법으로 경비지도사자격증을 교부받은 때

3. 경비지도사자격증을 다른 사람에게 빌려주거나 양도한 때

4. 자격정지 기간 중에 경비지도사로 선임되어 활동한 때

② 경찰청장은 경비지도사가 다음 각호의 1에 해당하는 때에는 대통령령이 정하는 바에 따라 1년의 범위 내에서 그 자격을 정지시킬 수 있다.　〈개정 2020. 12. 22.〉

1. 제12조제3항의 규정에 위반하여 직무를 성실하게 수행하지 아니한 때

2. 제24조의 규정에 의한 경찰청장 또는 시·도경찰청장의 명령을 위반한 때

③ 경찰청장은 제1항의 규정에 의하여 경비지도사의 자격을 취소한 때에는 경비지도사자격증을 회수하여야 하고, 제2항의 규정에 의하여 경비지도사의 자격을 정지한 때에는 그 정지기간동안 경비지도사자격증을 회수하여 보관하 여야 한다.

제21조(청문)

경찰청장 또는 시 · 도경찰청장은 다음 각호의 1에 해당하는 처분을 하고자 하는 경우에는 청문을 실시하 여야 한다. 〈개정 2020. 12. 22.〉

　　1. 제19조의 규정에 의한 경비업 허가의 취소 또는 영업정지

　　2. 제20조제1항 또는 제2항의 규정에 의한 경비지도사자격의 취소 또는 정지

제6장 경비협회

제22조(경비협회)

① 경비업자는 경비업무의 건전한 발전과 경비원의 자질향상 및 교육훈련 등을 위하여 대통령령이 정 하는 바에 따라 경비협회를 설립할 수 있다.

② 경비협회는 법인으로 한다.

③ 경비협회의 업무는 다음과 같다.

　　1. 경비업무의 연구

　　2. 경비원 교육 · 훈련 및 그 연구

　　3. 경비원의 후생 · 복지에 관한 사항

　　4. 경비진단에 관한 사항

　　5. 그 밖에 경비업무의 건전한 운영과 육성에 관하여 필요한 사항

④ 경비협회에 관하여 이 법에 특별한 규정이 있는 것을 제외하고는 민법중 사단법인에 관한 규정을 준용한다.

제23조(공제사업)

① 경비협회는 다음 각 호의 공제사업을 할 수 있다. 〈개정 2015. 7. 20.〉

　　1. 제26조에 따른 경비업자의 손해배상책임을 보장하기 위한 사업

　　2. 경비업자가 경비업을 운영할 때 필요한 입찰보증, 계약보증(이행보증을 포함한다), 하도급보증을 위한 사업

　　3. 경비원의 복지향상과 업무상 재해로 인한 손실을 보상하는 사업

4. 경비업무와 관련한 연구 및 경비원 교육·훈련에 관한 사업

② 경비협회는 제1항의 규정에 의한 공제사업을 하고자 하는 때에는 공제규정을 제정하여야 한다.

③ 제2항의 공제규정에는 공제사업의 범위, 공제계약의 내용, 공제금, 공제료 및 공제금에 충당하기 위한 책임준비금 등 공제사업의 운영에 관하여 필요한 사항을 정하여야 한다.

④ 경찰청장은 제1항에 따른 공제사업의 건전한 육성과 가입자의 보호를 위하여 공제사업의 감독에 관한 기준을 정 할 수 있다. 〈신설 2015. 7. 20.〉

⑤ 경찰청장은 제2항에 따른 공제규정을 승인하거나 제4항에 따라 공제사업의 감독에 관한 기준을 정하는 경우에 는 미리 금융위원회와 협의하여야 한다. 〈신설 2015. 7. 20.〉

⑥ 경찰청장은 제1항에 따른 공제사업에 대하여 「금융위원회의 설치 등에 관한 법률」 에 따른 금융감독원의 원장에 게 검사를 요청할 수 있다. 〈신설 2015. 7. 20.〉

제7장 보칙

제24조(감독)

① 경찰청장 또는 시·도경찰청장은 경비업무의 적정한 수행을 위하여 경비업자 및 경비지도사를 지도·감독하며 필요한 명령을 할 수 있다. 〈개정 2020. 12. 22.〉

② 시·도경찰청장 또는 관할 경찰관서장은 소속 경찰공무원으로 하여금 관할구역안에 있는 경비업자의 주사무소 및 출장소와 경비원배치장소에 출입하여 근무상황 및 교육훈련상황 등을 감독하며 필요한 명령을 하게 할 수 있다. 이 경우 출입하는 경찰공무원은 그 권한을 표시하는 증표를 관계인에게 내보여야 한다. 〈개정 2020. 12. 22.〉

③ 시·도경찰청장 또는 관할 경찰관서장은 경비업자 또는 배치된 경비원이 이 법이나 이 법에 따른 명령, 「폭력행 위 등 처벌에 관한 법률」 을 위반하는 행위를 하는 경우 그 위반행위의 중지를 명할 수 있다. 〈신설 2013. 6. 7., 2020. 12. 22.〉

④ 시·도경찰청장 또는 관할 경찰관서장은 경비업무 장소가 집단민원현장으로 판단되는 경우에는 그 때부터 48시 간 이내에 경비업자에게 경비원 배치 허가를 받을 것을 고지하여야 한다. 〈신설 2015. 7. 20., 2020. 12. 22.〉

제25조(보안지도 · 점검 등)

시 · 도경찰청장은 대통령령이 정하는 바에 따라 특수경비업자에 대하여 보안지도 · 점검을 실시하여야 하고, 필요한 경우 관계기관에 보안측정을 요청하여야 한다. 〈개정 2020. 12. 22.〉

제26조(손해배상 등)

① 경비업자는 경비원이 업무수행중 고의 또는 과실로 경비대상에 손해가 발생하는 것을 방지하지 못한 때에는 그 손해를 배상하여야 한다.

② 경비업자는 경비원이 업무수행중 고의 또는 과실로 제3자에게 손해를 입힌 경우에는 이를 배상하여야 한다.

제27조(위임 및 위탁)

① 이 법에 의한 경찰청장의 권한은 대통령령이 정하는 바에 따라 그 일부를 시 · 도경찰청장에게 위임할 수 있다. 〈개정 2020. 12. 22.〉

② 경찰청장은 제11조의 규정에 의한 경비지도사의 시험 및 교육에 관한 업무를 대통령령이 정하는 바에 따라 관계 전문기관 또는 단체에 위탁할 수 있다.

제27조의2(수수료)

이 법에 따른 경비업의 허가를 받거나 허가증을 재교부 받고자 하는 자는 대통령령이 정하는 바에 따라 수수료를 납부하여야 한다. [본조신설 2005. 5. 31.]

제27조의3(벌칙 적용에서 공무원 의제)

제27조제2항에 따라 위탁받은 업무에 종사하는 관계전문기관 또는 단체의 임 직원은 「형법」 제129조부터 제132조까지의 규정을 적용할 때에는 공무원으로 본다. [본조신설 2019. 4. 16.]

제8장 벌칙

제28조(벌칙)

① 제14조제2항의 규정에 위반하여 국가중요시설의 정상적인 운영을 해치는 장해를 일으킨 특수경비원은 5년 이하의 징역 또는 5천만원 이하의 벌금에 처한다. 〈개정 2017. 10. 24.〉

② 다음 각 호의 어느 하나에 해당하는 자는 3년 이하의 징역 또는 3천만원 이하의 벌금에 처한다. 〈개정 2005. 8. 4., 2013. 6. 7., 2015. 7. 20.〉

1. 제4조제1항의 규정에 의한 허가를 받지 아니하고 경비업을 영위한 자

2. 제7조제4항의 규정에 위반하여 직무상 알게 된 비밀을 누설하거나 부당한 목적을 위하여 사용한 자

3. 제7조제8항의 규정에 위반하여 경비업무의 중단을 통보하지 아니하거나 경비업무를 즉시 인수하지 아니한 특수 경비업자 또는 경비대행업자

4. 집단민원현장에 경비원을 배치하면서 제7조의2제1항을 위반하여 제4조제1항에 따른 허가를 받지 아니한 자에게 경비업무를 도급한 자

5. 제7조의2제2항을 위반하여 집단민원현장에 20명 이상의 경비인력을 배치하면서 그 경비인력을 직접 고용한 자

6. 제7조의2제3항을 위반하여 경비업자의 경비원 채용 시 무자격자나 부적격자 등을 채용하도록 관여하거나 영향 력을 행사한 도급인

7. 과실로 인하여 제14조제2항의 규정에 위반하여 국가중요시설의 정상적인 운영을 해치는 장해를 일으킨 특수경 비원

8. 특수경비원으로서 경비구역 안에서 시설물의 절도, 손괴, 위험물의 폭발 등의 사유로 인한 위급사태가 발생한 때 에 제15조제1항 또는 제2항의 규정에 위반한 자

9. 제15조의2제2항의 규정을 위반하여 경비원에게 경비업무의 범위를 벗어난 행위를 하게 한 자

③ 제14조제4항 후단의 규정에 위반하여 정당한 사유없이 무기를 소지하고 배치된 경비구역을 벗어난 특수경비원 은 2년 이하의 징역 또는 2천만원 이하의 벌금에 처한다.

④ 다음 각 호의 어느 하나에 해당하는 자는 1년 이하의 징역 또는 1천만원 이하의 벌금에 처한다. 〈개정 2005. 8. 4., 2013. 6. 7., 2020. 12. 22.〉

1. 제14조제7항의 규정에 위반한 관리책임자

2. 제15조제3항의 규정에 위반하여 쟁의행위를 한 특수경비원

3. 제15조의2제1항을 위반하여 경비업무의 범위를 벗어난 행위를 한 경비원

4. 제16조의2제1항에서 정한 장비 외에 흉기 또는 그 밖의 위험한 물건을 휴대하고 경비업무를 수행한 경비원 또는 경비원에게 이를 휴대하고 경비업무를 수행하게 한 자

5. 제18조제8항을 위반하여 경찰관서장의 배치폐지 명령을 따르지 아니한 자 6. 제24조제3항에 따른 시·도경찰청장 또는 관할 경찰관서장의 중지명령에 따르지 아니한 자

⑤ 삭제〈2013. 6. 7.〉

제29조(형의 가중처벌)

① 특수경비원이 무기를 휴대하고 경비업무를 수행중에 제14조제8항의 규정 및 제15조제4항의 규정에 의한 무기의 안전수칙을 위반하여 「형법」 제258조의2제1항(제257조제1항의 죄로 한정한다)·제2항(제 258조제1항·제2항의 죄로 한정한다), 제259조제1항, 제260조제1항, 제262조, 제268조, 제276조제1항, 제277조제 1항, 제281조제1항, 제283조제1항, 제324조제2항, 제350조의2 및 제366조의 죄를 범한 때에는 그 죄에 정한 형의 2분의 1까지 가중처벌한다. 〈개정 2013. 6. 7., 2016. 1. 6.〉

② 경비원이 경비업무 수행 중에 제16조의2제1항에서 정한 장비 외에 흉기 또는 그 밖의 위험한 물건을 휴대하고 「형법」 제258조의2제1항(제257조제1항의 죄로 한정한다)·제2항(제258조제1항·제2항의 죄로 한정한다), 제259조제 1항, 제261조, 제262조, 제268조, 제276조제1항, 제277조제1항, 제281조제1항, 제283조제1항, 제324조제2항, 제 350조의2 및 제366조의 죄를 범한 때에는 그 죄에 정한 형의 2분의 1까지 가중처벌한다. 〈신설 2013. 6. 7., 2016. 1. 6.〉

제30조(양벌규정)

법인의 대표자나 법인 또는 개인의 대리인, 사용인, 그 밖의 종업원이 그 법인 또는 개인의 업무에 관 하여 제28조의 위반행위를 하면 그 행위자를 벌하는 외에 그 법인 또는 개인에게도 해당 조문의 벌금형을 과(科)한다. 다만, 법인 또는 개인이 그 위반행위를 방지하기 위하여 해당 업무에 관하여 상당한 주의와 감독을 게을리하지 아니한 경우에는 그러하지 아니하다.

[전문개정 2008. 12. 26.]

제31조(과태료)

① 다음 각 호의 어느 하나에 해당하는 경비업자에게는 3천만원 이하의 과태료를 부과한다.

〈신설 2013. 6. 7.〉

1. 제16조제1항을 위반하여 경비원의 복장에 관한 신고를 하지 아니하고 집단민원현장에 경비원을 배치한 자

2. 제16조제2항을 위반하여 이름표를 부착하게 하지 아니하거나, 신고된 동일 복장을 착용하게 하지 아니하고 집단 민원현장에 경비원을 배치한 자

3. 제18조제1항 단서를 위반하여 집단민원현장에 일반경비원을 배치하면서 경비원의 명부를 배치장소에 작성·비 치하지 아니한 자

4. 제18조제2항 각 호 외의 부분 단서를 위반하여 배치허가를 받지 아니하고 경비원을 배치하거나 경비원 명단 및 배치일시·배치장소 등 배치허가 신청의 내용을 거짓으로 한 자

5. 제18조제7항을 위반하여 제13조에 따른 신임교육을 이수하지 아니한 자를 제18조제2항 각 호의 경비원으로 배 치한 자

② 다음 각 호의 어느 하나에 해당하는 경비업자 또는 시설주에게는 500만원 이하의 과태료를 부과한다. 〈개정 2013. 6. 7.〉

1. 제4조제3항 또는 제18조제2항의 규정에 위반하여 신고를 하지 아니한 자

2. 제7조제7항의 규정에 위반하여 경비대행업자 지정신고를 하지 아니한 자

3. 제9조제1항의 규정에 위반하여 설명의무를 이행하지 아니한 자

4. 제12조제1항의 규정에 위반하여 경비지도사를 선임하지 아니한 자

5. 제14조제6항의 규정에 의한 감독상 필요한 명령을 정당한 이유없이 이행하지 아니한 자

6. 제10조제3항을 위반하여 결격사유에 해당하는 경비원을 배치하거나 결격사유에 해당하는 경비지도사를 선임·배치한 자

7. 제16조제1항의 복장 등에 관한 신고규정을 위반하여 신고를 하지 아니한 자

8. 제16조제2항을 위반하여 이름표를 부착하게 하지 아니하거나, 신고된 동일 복장을 착용하게 하지 아니하고 경비 원을 경비업무에 배치한 자

9. 제18조제1항 본문을 위반하여 명부를 작성·비치하지 아니한 자

10. 제18조제5항을 위반하여 경비원의 근무상황을 기록하여 보관하지 아니한 자

③ 제1항 및 제2항의 규정에 의한 과태료는 대통령령이 정하는 바에 의하여 시·도경찰청장 또는 경찰관서장이 부과·징수한다. 〈개정 2013. 6. 7., 2020. 12. 22.〉

④ 삭제〈2013. 6. 7.〉

⑤ 삭제〈2013. 6. 7.〉

(피후견인 결격조항 정비를 위한 경비업법 등 10개 법률의 일부개정에 관한 법률) 이 법은 공포한 날부터 시행한다. 다만, 다음 각 호의 사항은 공포 후 6개월이 경과한 날부터 시행한다.

1. 제1조 중 「경비업법」 제10조제2항제2호부터 제5호까지 및 제17조제1항부터 제3항까지의 개정규정
2. 생략

경비업법
시행령

[시행 2021. 7. 13.]
[대통령령 제31884호, 2021. 7. 13., 일부개정]

제1조 목적

이 영은 경비업법에서 위임된 사항과 그 시행에 관하여 필요한 사항을 규정함을 목적으로 한다.

제2조(국가중요시설) 경비업법(이하 "법"이라 한다)

제2조제1호마목에서 "대통령령이 정하는 국가중요시설"이라 함은 공항·항만, 원자력발전소 등의 시설중 국가정보원장이 지정하는 국가보안목표시설과 「통합방위법」 제21조제4항의 규정에 의하여 국방부장관이 지정하는 국가중요시설을 말한다. 〈개정 2003. 11. 11., 2009. 11. 17.〉

제3조(허가신청 등)

① 법 제4조제1항에 따라 경비업의 허가를 받으려는 경우에는 허가신청서에, 경비업의 허가를 받은 법인(이하 "경비업자"라 한다)이 허가를 받은 경비업무를 변경하거나 새로운 경비업무를 추가하려는 경우에는 변경 허가신청서에 행정안전부령으로 정하는 서류를 첨부하여 법인의 주사무소를 관할하는 시·도경찰청장 또는 해당 시·도경찰청 소속의 경찰서장에게 제출하여야 한다. 이 경우 신청서를 제출받은 경찰서장은 지체 없이 관할 시·도경 찰청장에게 보내야 한다. 〈개정 2011. 4. 4., 2013. 3. 23., 2014. 11. 19., 2017. 7. 26., 2020. 12. 31.〉

② 제1항의 규정에 의하여 허가 또는 변경허가 신청서를 제출하는 법인은 별표 1의 규정에 의한 경비인력·자본금·시설 및 장비를 갖추어야 한다. 다만, 경비업의 허가 또는 변경허가를 신청하는 때에 별표 1의 규정에 의한 시설 등(자본금을 제외한다. 이하 이 항에서 같다)을 갖출 수 없는 경우에는 허가 또는 변경허가의 신청시 시설 등의 확보 계획서를 제출한 후 허가 또는 변경허가를 받은 날부터 1월 이내에 별표 1의 규정에 의한 시설 등을 갖추고 시·도경 찰청장의 확인을 받아야 한다. 〈개정 2020. 12. 31.〉

제4조(허가절차 등)

① 시·도경찰청장은 제3조제1항의 규정에 의하여 허가 또는 변경허가의 신청을 받은 때에는 경비 업을 영위하고자 하는 법인의 임원중 법 제5조의 규정에 의한 결격사유에 해당하는 자가 있는지의 유무, 경비인력·시설 및 장비의 확보 또는 확보가능성의 여부, 자본금과 대표자·임원의 경력 및 신용 등을 검토하여 허가여부를 결 정하여야 한다. 〈개정 2020. 12. 31.〉

② 시·도경찰청장은 제1항에 따른 검토를 한 후 경비업을 허가하거나 변경허가를 한 경우에는 해당 법인의 주사무 소를 관할하는 경찰서장을 거쳐 신청인에게 허가증을 발급하여야 한다. 〈개정 2011. 4. 4., 2020. 12. 31.〉

③ 경비업자는 경비업 허가증을 잃어버리거나 경비업 허가증이 못쓰게 된 경우에는 허가증

재교부신청서에 다음 각 호의 구분에 따른 서류를 첨부하여 법인의 주사무소를 관할하는 시·도경찰청장 또는 해당 시·도경찰청 소속의 경찰서장에게 재발급을 신청하여야 하고, 신청서를 제출받은 경찰서장은 지체 없이 관할 시·도경찰청장에게 보내야 한다.

〈개정 2011. 4. 4., 2020. 12. 31.〉

1. 허가증을 잃어버린 경우에는 그 사유서
2. 허가증이 못쓰게 된 경우에는 그 허가증

제5조(폐업 또는 휴업 등의 신고)

① 경비업자는 폐업을 한 경우에는 법 제4조제3항제1호에 따라 폐업을 한 날부터 7일 이내에 폐업신고서에 허가증을 첨부하여 법인의 주사무소를 관할하는 시·도경찰청장 또는 해당 시·도경찰청 소속 의 경찰서장에게 제출하여야 한다. 이 경우 폐업신고서를 제출받은 경찰서장은 지체 없이 관할 시·도경찰청장에게 보내야 한다. 〈개정 2011. 4. 4., 2020. 12. 31.〉

② 경비업자는 휴업을 한 경우에는 법 제4조제3항제1호에 따라 휴업한 날부터 7일 이내에 휴업신고서를 법인의 주 사무소를 관할하는 시·도경찰청장 또는 해당 시·도경찰청 소속의 경찰서장에게 제출하여야 하고, 휴업신고서를 제출받은 경찰서장은 지체 없이 관할 시·도경찰청장에게 보내야 한다. 이 경우 휴업신고를 한 경비업자가 신고한 휴업기간이 끝나기 전에 영업을 다시 시작하거나 신고한 휴업기간을 연장하려는 경우에는 영업을 다시 시작한 후 7일 이내에 또는 신고한 휴업기간이 끝난 후 7일 이내에 영업재개신고서 또는 휴업기간연장신고서를 제출하여야한다. 〈개정 2011. 4. 4., 2020. 12. 31.〉

③ 법 제4조제3항제3호의 규정에 의하여 신설·이전 또는 폐지한 때에 신고를 하여야 하는 출장소는 주사무소 외의 장소로서 일상적으로 일정 지역안의 경비업무를 지휘·총괄하는 영업거점인 지점·지사 또는 사업소 등의 장소로 한다.

④ 법 제4조제3항제6호에서 "그밖에 대통령령이 정하는 중요사항"이라 함은 정관의 목적을 말한다. 〈개정 2003. 11. 11.〉

⑤ 법 제4조제3항제2호부터 제6호까지의 규정에 따른 신고는 그 사유가 발생한 날부터 30일 이내에 하여야 한다. 〈개정 2014. 12. 30.〉

[제목개정 2003. 11. 11.]

제6조(특수경비업자의 업무개시전의 조치)

① 법 제2조제1호마목의 규정에 의한 특수경비업무를 수행하는 경비업자(이 하 "특수경비업자"

라 한다)는 법 제4조제3항제5호의 규정에 의하여 첫 업무개시의 신고를 하기 전에 시·도경
찰청 장의 비밀취급인가를 받아야 한다. 〈개정 2020. 12. 31.〉

② 시·도경찰청장은 제1항의 규정에 의하여 특수경비업자에게 비밀취급인가를 하고자 하는
때에는 법 제25조의 규정에 의하여 특수경비업자로 하여금 경찰청장을 거쳐 국가정보원장
에게 보안측정을 요청하도록 하여야 한다. 〈개정 2020. 12. 31.〉

제7조(기계경비업자의 대응체제)

법 제2조제1호라목의 규정에 의한 기계경비업무를 수행하는 경비업자(이하 "기계경비 업자"라
한다)는 법 제8조의 규정에 의하여 관제시설 등에서 경보를 수신한 때에는 경보를 수신한 때부터
늦어도 25분 이내에는 도착시킬 수 있는 대응체제를 갖추어야 한다.

제7조의2(특수경비업자가 할 수 있는 영업)

① 법 제7조제9항에서 "경비장비의 제조·설비·판매업, 네트워크를 활용 한 정보산업, 시설물
유지관리업 및 경비원 교육업 등 대통령령이 정하는 경비관련업"이란 다음 각 호의 영업을
말한 다.

1. 별표 1의2에 따른 영업
2. 제1호에 따른 영업에 부수되는 것으로서 경찰청장이 지정·고시하는 영업

② 제1항에 따른 영업의 범위에 관하여는 법 또는 이 영에 특별한 규정이 있는 경우를 제외하고
는 「통계법」에 따라 통계청장이 고시하는 한국표준산업분류표에 따른다.

[전문개정 2014. 6. 3.]

제7조의3(무자격자 및 부적격자 등의 범위)

다음 각 호의 경비업무를 도급하려는 자는 법 제7조의2제3항에 따라 다음 각 호의 구분에 해당
하는 사람을 그 경비업무를 수급한 경비업자의 경비원으로 채용하도록 관여하거나 영향력을 행
사해서는 아니된다.

1. 시설경비업무, 신변보호업무(집단민원현장의 시설경비업무 또는 신변보호업무는 제외한
   다), 호송경비업무 또는 기계경비업무
   가. 법 제10조제1항에 따라 경비지도사 또는 일반경비원이 될 수 없는 사람
   나. 「아동·청소년의 성보호에 관한 법률」 제56조제1항제14호에 따라 경비업무에 종사
       할 수 없는 사람
2. 특수경비업무

    가. 법 제10조제2항에 따라 특수경비원이 될 수 없는 사람

    나. 「아동·청소년의 성보호에 관한 법률」 제56조제1항제14호에 따라 경비업무에 종사
       할 수 없는 사람

  3. 집단민원현장의 시설경비업무 또는 신변보호업무

    가. 법 제10조제1항에 따라 경비지도사 또는 일반경비원이 될 수 없는 사람

    나. 법 제18조제6항에 따라 집단민원현장에 일반경비원으로 배치할 수 없는 사람

    다. 「아동·청소년의 성보호에 관한 법률」 제56조제1항제14호에 따라 경비업무에 종사
       할 수 없는 사람

제8조(오경보의 방지를 위한 설명 등)

① 법 제9조제1항의 규정에 의하여 기계경비업자가 계약상대방에게 하여야 하는 설명은 다음 각호의 사항을 기재한 서면 또는 전자문서(이하 "서면등"이라 하며, 이 조에서 전자문서는 계약상대방이 원하는 경우에 한한다)를 교부하는 방법에 의한다.

  1. 당해 기계경비업무와 관련된 관제시설 및 출장소(제5조제3항의 규정에 의한 출장소를 말한다. 이하 같다)의 명칭·소재지

  2. 기계경비업자가 경비대상시설에서 발생한 경보를 수신한 경우에 취하는 조치

  3. 기계경비업무용 기기의 설치장소 및 종류와 그밖의 기계장치의 개요

  4. 오경보의 발생원인과 송신기기의 유지·관리방법

② 기계경비업자는 제1항 각호의 사항을 기재한 서면등과 함께 법 제26조의 규정에 의한 손해배상의 범위와 손해배 상액에 관한 사항을 기재한 서면등을 계약상대방에게 교부하여야 한다.

제9조(기계경비업자의 관리 서류)

① 기계경비업자는 법 제9조제2항의 규정에 의하여 출장소별로 다음 각호의 사항을 기재한 서류를 갖추어 두어야 한다.

  1. 경비대상시설의 명칭·소재지 및 경비계약기간

  2. 기계경비지도사의 명단·배치일자·배치장소와 출동차량의 대수

  3. 경보의 수신 및 현장도착 일시와 조치의 결과

  4. 오경보인 경우 오경보가 발생한 경비대상시설 및 그 오경보에 대한 조치의 결과

② 제1항제3호 및 제4호의 규정에 의한 사항을 기재한 서류는 당해 경보를 수신한 날부터 1년간 이를 보관하여야 한 다.

제10조(경비지도사의 구분)

법 제10조 내지 제12조의 규정에 의한 경비지도사는 다음 각호와 같이 구분한다.

　　1. 일반경비지도사 : 다음 각목의 경비업무에 종사하는 경비원을 지도ㆍ감독 및 교육하는 경
　　　 비지도사

　　가. 시설경비업무

　　나. 호송경비업무

　　다. 신변보호업무

　　라. 특수경비업무

　　2. 기계경비지도사 : 기계경비업무에 종사하는 경비원을 지도ㆍ감독 및 교육하는 경비지도
　　　 사

제10조의2(특수경비원의 결격사유)

법 제10조제2항제2호에서 "심신상실자, 알코올 중독자 등 대통령령으로 정하는 정 신적 제약이
있는 자"란 다음 각 호의 사람을 말한다.

　　1. 심신상실자

　　2. 마약ㆍ대마ㆍ향정신성의약품 또는 알코올 중독자

　　3. 「치매관리법」 제2조제1호에 따른 치매, 조현병ㆍ조현정동장애ㆍ양극성정동장애(조울
　　　 병)ㆍ재발성우울장애 등의 정신질환이나 정신 발육지연, 뇌전증 등이 있는 사람. 다만, 해
　　　 당 분야 전문의가 특수경비원으로서 적합하다고 인 정하는 사람은 제외한다.

　　[본조신설 2021. 7. 13.]

제11조(경비지도사시험의 시행 및 공고)

　① 경찰청장은 법 제11조제1항에 따른 경비지도사시험(이하 "시험"이라 한다)의 실시계획을 매
　　 년 수립해야 한다. 〈개정 2019. 3. 12.〉

　② 경찰청장은 제1항의 규정에 의한 시험의 실시계획에 따라 시험을 실시하고자 하는 때에는
　　 응시자격ㆍ시험과목ㆍ 시험일시ㆍ시험장소 및 선발예정인원 등을 시험시행일 90일 전까지
　　 공고하여야 한다. 〈개정 2012. 5. 1.〉

　③ 제2항의 규정에 의한 공고는 관보게재와 각 시ㆍ도경찰청 게시판 및 인터넷 홈페이지에 게
　　 시하는 방법에 의한다. 〈개정 2020. 12. 31.〉

제12조(시험의 방법 및 과목 등)

① 시험은 필기시험의 방법에 의하되, 제1차시험과 제2차시험으로 구분하여 실시한다. 이 경우 경찰청장이 필요하다고 인정하는 때에는 제1차시험과 제2차시험을 병합하여 실시할 수 있다.

② 제1차시험 및 제2차시험은 각각 선택형으로 하되, 제2차시험에 있어서는 선택형 외에 단답형을 추가할 수 있다.

③ 제1차시험 및 제2차시험의 과목은 별표 2와 같다.

④ 제2차시험은 제1차시험에 합격한 자에 대하여 실시한다. 다만, 제1항 후단의 규정에 의하여 제1차시험과 제2차시 험을 병합하여 실시하는 경우에는 그러하지 아니하다.

⑤ 제1항 후단의 규정에 의하여 제1차시험과 제2차시험을 병합하여 실시하는 경우에는 제1차시험에 불합격한 자가 치른 제2차시험은 이를 무효로 한다.

⑥ 제1차시험에 합격한 자에 대하여는 다음 회의 시험에 한하여 제1차 시험을 면제한다.

〈신설 2003. 11. 11.〉

제13조(시험의 일부면제)

법 제11조제3항에 따라 다음 각 호의 어느 하나에 해당하는 사람은 경비지도사 제1차 시험을 면제한다. 〈개정 2013. 3. 23., 2014. 11. 19., 2017. 7. 26., 2020. 2. 4.〉

1. 「경찰공무원법」에 따른 경찰공무원으로 7년 이상 재직한 사람

2. 「대통령 등의 경호에 관한 법률」에 따른 경호공무원 또는 별정직공무원으로 7년 이상 재직한 사람

3. 「군인사법」에 따른 각 군 전투병과 또는 군사경찰병과 부사관 이상 간부로 7년 이상 재직한 사람

4. 「경비업법」에 따른 경비업무에 7년 이상(특수경비업무의 경우에는 3년 이상) 종사하고 행정안전부령으로 정하는 교육과정을 이수한 사람

5. 「고등교육법」에 따른 대학 이상의 학교를 졸업한 사람으로서 재학 중 제12조제3항에 따른 경비지도사 시험과목을 3과목 이상을 이수하고 졸업한 후 경비업무에 종사한 경력이 3년 이상인 사람

6. 「고등교육법」에 따른 전문대학을 졸업한 사람으로서 재학 중 제12조제3항에 따른 경비지도사 시험과목을 3과목 이상 이수하고 졸업한 후 경비업무에 종사한 경력이 5년 이상인 사람

7. 일반경비지도사의 자격을 취득한 후 기계경비지도사의 시험에 응시하는 사람 또는 기계

경비지도사의 자격을 취득한 후 일반경비지도사의 시험에 응시하는 사람

8. 「공무원임용령」에 따른 행정직군 교정직렬 공무원으로 7년 이상 재직한 사람

[전문개정 2011. 4. 4.]

제14조(시험합격자의 결정)

① 제1차시험의 합격결정에 있어서는 매 과목 100점을 만점으로 하며, 매과목 40점 이상, 전 과목 평균 60점 이상 득점한 자를 합격자로 결정한다.

② 제2차시험의 합격결정에 있어서는 선발예정인원의 범위안에서 60점 이상을 득점한 자중에서 고득점 순으로 합격자를 결정한다. 이 경우 동점자로 인하여 선발예정인원이 초과되는 때에는 동점자 모두를 합격자로 한다.

③ 경찰청장은 제2차시험에 합격한 자에 대하여 합격공고를 하고, 합격 및 교육소집 통지서를 교부하여야 한다.

제15조(시험출제위원의 임명 · 위촉 등)

① 경찰청장은 시험문제의 출제를 위하여 다음 각호의 1에 해당하는 자중에서 시험출제위원을 임명 또는 위촉한다.

1. 고등교육법에 의한 전문대학 이상의 교육기관에서 경찰행정학과 등 경비업무 관련학과 및 법학과의 부교수(전문 대학의 경우에는 교수) 이상으로 재직하고 있는 자

2. 석사 이상의 학위소지자로 경찰청장이 정하는 바에 의하여 경비업무에 관한 연구실적이나 전문경력이 인정되는 자

3. 방범 · 경비업무를 3년 이상 담당한 경감 이상 경찰공무원의 경력이 있는 자

② 제1항의 규정에 의한 시험출제위원의 수는 시험과목별로 2인 이상으로 한다.

③ 시험출제위원으로 임명 또는 위촉된 자는 경찰청장이 정하는 준수사항을 성실히 이행하여야 한다.

④ 시험출제위원과 시험관리업무에 종사하는 자에 대하여는 예산의 범위안에서 수당과 여비를 지급할 수 있다. 다만, 공무원인 위원이 그 소관업무와 직접적으로 관련하여 시험관리업무에 종사하는 경우에는 그러하지 아니하다.

제16조(경비지도사의 선임 · 배치)

① 경비업자는 법 제12조제1항의 규정에 의하여 별표 3의 기준에 따라 경비지도사를 선임 · 배

치하여야 한다.

② 경비업자는 제1항의 규정에 의하여 선임·배치된 경비지도사에 결원이 있거나 자격정지 등의 사유로 그 직무를 수행할 수 없는 때에는 15일 이내에 경비지도사를 새로이 충원하여야 한다.

제17조(경비지도사의 직무 및 준수사항)

① 법 제12조제2항제5호에서 "대통령령이 정하는 직무"란 다음 각 호의 직무를 말한다.

〈개정 2014. 6. 3.〉

1. 기계경비업무를 위한 기계장치의 운용·감독(기계경비지도사의 경우에 한한다)

2. 오경보방지 등을 위한 기기관리의 감독(기계경비지도사의 경우에 한한다)

② 경비지도사는 법 제12조제3항에 따라 같은 조 제2항제1호·제2호의 직무 및 제1항 각 호의 직무를 월 1회 이상 수행하여야 한다.

〈개정 2011. 4. 4.〉

③ 경비지도사는 법 제12조제2항제1호에 따라 경비원에 대한 교육을 실시하고, 행정안전부령으로 정하는 경비원 직무교육 실시대장에 그 내용을 기록하여 2년간 보존하여야 한다.

〈신설 2011. 4. 4., 2013. 3. 23., 2014. 11. 19., 2017. 7. 26.〉

제18조(일반경비원에 대한 교육)

① 경비업자는 일반경비원을 채용한 경우 법 제13조제1항 본문에 따라 해당 일반경비 원에게 경비업자의 부담으로 다음 각 호의 기관 또는 단체에서 실시하는 일반경비원 신임교육을 받도록 하여야 한 다.

〈개정 2016. 6. 28.〉

1. 법 제22조제1항에 따른 경비협회

2. 「경찰공무원 교육훈련규정」 제2조제3호에 따른 경찰교육기관

3. 경비업무 관련 학과가 개설된 대학 등 경비원에 대한 교육을 전문적으로 수행할 수 있는 인력과 시설을 갖춘 기 관 또는 단체 중 경찰청장이 지정하여 고시하는 기관 또는 단체

② 경비업자는 법 제13조제1항 단서에 따라 다음 각 호의 어느 하나에 해당하는 사람을 일반경비원으로 채용한 경 우에는 해당 일반경비원을 일반경비원 신임교육 대상에서 제외할 수 있다.

〈개정 2016. 6. 28.〉

1. 법 제13조제1항 본문 및 같은 조 제3항에 따른 일반경비원 또는 특수경비원 신임교육을 받은 사람으로서 채용 전 3년 이내에 경비업무에 종사한 경력이 있는 사람

2. 「경찰공무원법」에 따른 경찰공무원으로 근무한 경력이 있는 사람

3. 「대통령 등의 경호에 관한 법률」에 따른 경호공무원 또는 별정직공무원으로 근무한 경

력이 있는 사람

4. 「군인사법」에 따른 부사관 이상으로 근무한 경력이 있는 사람

5. 경비지도사 자격이 있는 사람

6. 채용 당시 법 제13조제2항에 따른 일반경비원 신임교육을 받은 지 3년이 지나지 아니한 사람

③ 경비업자는 법 제13조제1항에 따라 소속 일반경비원에게 법 제12조에 따라 선임한 경비지도사가 수립한 교육계획에 따라 매월 행정안전부령으로 정하는 시간 이상의 직무교육을 받도록 하여야 한다. 〈개정 2014. 11. 19., 2016. 6. 28., 2017. 7. 26.〉

④ 법 제13조제2항에서 "대통령령으로 정하는 교육기관"이란 제18조제1항 각 호의 기관 또는 단체를 말한다. 〈신설 2016. 6. 28.〉

⑤ 제1항에 따른 신임교육의 과목 및 시간, 제3항에 따른 직무교육의 과목 등 일반경비원의 교육 실시에 필요한 사항은 행정안전부령으로 정한다.
〈개정 2014. 11. 19., 2016. 6. 28., 2017. 7. 26.〉

[전문개정 2014. 6. 3.]

제19조(특수경비원에 대한 교육)

① 특수경비업자는 특수경비원을 채용한 경우 법 제13조제3항에 따라 해당 특수경비 원에게 특수경비업자의 부담으로 다음 각 호의 기관 또는 단체에서 실시하는 특수경비원 신임교육을 받도록 하여야 한다. 〈개정 2014. 11. 19., 2016. 6. 28., 2017. 7. 26.〉

1. 「경찰공무원 교육훈련규정」 제2조제3호에 따른 경찰교육기관

2. 행정안전부령으로 정하는 기준에 적합한 기관 또는 단체 중 경찰청장이 지정하여 고시하는 기관 또는 단체

② 제1항에도 불구하고 특수경비업자는 채용 전 3년 이내에 특수경비업무에 종사하였던 경력이 있는 사람을 특수 경비원으로 채용한 경우에는 해당 특수경비원을 특수경비원 신임교육 대상에서 제외할 수 있다.

③ 특수경비업자는 법 제13조제3항에 따라 소속 특수경비원에게 법 제12조에 따라 선임한 경비지도사가 수립한 교 육계획에 따라 매월 행정안전부령으로 정하는 시간 이상의 직무교육을 받도록 하여야 한다. 〈개정 2014. 11. 19., 2016. 6. 28., 2017. 7. 26.〉

④ 제1항에 따른 신임교육의 과목 및 시간, 제3항에 따른 직무교육의 과목 등 특수경비원의 교육 실시에 필요한 사항은 행정안전부령으로 정한다. 〈개정 2014. 11. 19., 2017. 7. 26.〉

[전문개정 2014. 6. 3.]

제20조(특수경비원 무기휴대의 절차 등)

① 시설주는 법 제14조제4항의 규정에 의하여 특수경비원이 휴대할 무기를 대 여받고자 하는 때에는 무기대여신청서를 관할경찰서장 및 공항경찰대장 등 국가중요시설의 경비책임자(이하 "관할 경찰관서장"이라 한다)를 거쳐 시·도경찰청장에게 제출하여야 한다.

〈개정 2020. 12. 31.〉

② 시설주는 법 제14조제4항의 규정에 의하여 관할경찰관서장으로부터 대여받은 무기를 특수경비원에게 휴대하게 하는 경우에는 동조제9항의 규정에 의하여 관할경찰관서장의 사전승인을 얻어야 한다.

③ 제2항의 규정에 의한 사전승인을 함에 있어서 관할경찰관서장은 국가중요시설에 총기 또는 폭발물의 소지자나 무장간첩 침입의 우려가 있는지의 여부 등을 고려하는 등 특수경비원에게 무기를 지급하여야 할 필요성이 있는지 의 여부에 관하여 판단하여야 한다.

④ 시설주는 제3항의 규정에 의한 무기지급의 필요성이 해소되었다고 인정되는 때에는 특수경비원으로부터 즉시 무 기를 회수하여야 한다.

⑤ 법 제14조제9항의 규정에 의하여 특수경비원이 휴대할 수 있는 무기종류는 권총 및 소총으로 한다.

⑥ 「위해성 경찰장비의 사용기준 등에 관한 규정」 제18조 및 별표 2의 규정은 법 제14조제9항의 규정에 의한 안전 검사의 기준에 관하여 이를 준용한다.　〈개정 2014. 11. 19.〉

⑦ 시설주, 법 제14조제7항의 규정에 의한 관리책임자와 특수경비원은 행정안전부령이 정하는 무기관리수칙을 준수 하여야 한다.　〈개정 2008. 2. 29., 2013. 3. 23., 2014. 11. 19., 2017. 7. 26.〉

제21조(무기관리에 대한 지도 · 감독)

관할경찰관서장은 법 제14조제5항의 규정에 의하여 시설주 및 특수경비원의 무 기관리상황을 매월 1회 이상 점검하여야 한다.

제22조(집단민원현장 배치 불허가 기준)

법 제18조제3항제2호에서 "대통령령으로 정하는 기준"이란 100분의 21을 말 한다.

[전문개정 2014. 6. 3.]

제23조(위반행위의 보고 · 통보)

① 경비업자의 출장소 또는 경비대상시설을 관할하는 시 · 도경찰청장 또는 경찰관서장 은 출장소의 임 · 직원이나 경비원이 법 또는 법에 의한 명령에 위반한 사실을 안 때에는 지체없이

그 사실을 서면등 으로 당해 경비업을 허가한 시 · 도경찰청장에게 통보하거나 보고하여야 한다. 〈개정 2020. 12. 31.〉

② 제1항의 규정에 의하여 통보 또는 보고를 받은 시 · 도경찰청장은 그 위반행위에 대하여 행정처분을 한 때에는 이 를 해당 시 · 도경찰청장 또는 경찰관서장에게 통보하여야 한다. 〈개정 2020. 12. 31.〉

제24조(행정처분의 기준)

법 제19조제2항에 따른 행정처분의 기준은 별표 4와 같다. 〈개정 2014. 6. 3.〉

제25조(경비지도사의 자격정지처분의 기준)

법 제20조제2항의 규정에 의한 경비지도사에 대한 자격정지처분의 기준은 별표 5와 같다.

제26조(경비협회)

① 경비업자가 법 제22조제1항에 따라 경비협회(이하 "협회"라 한다)를 설립하려는 경우에는 정관을 작성하여야 한다. 〈개정 2014. 12. 30.〉

② 협회는 정관이 정하는 바에 의하여 회원으로부터 회비를 징수할 수 있다.

제27조(공제사업)

① 협회는 법 제23조제1항의 규정에 의하여 공제사업을 하는 경우 공제사업의 회계는 다른 사업의 회 계와 구분하여 경리하여야 한다.

② 삭제〈2015. 10. 20.〉

제28조(허가증 등의 수수료)

① 법에 의한 경비업의 허가를 받거나 허가증을 재교부받고자 하는 자는 다음 각호의 수수 료를 납부하여야 한다. 1. 법 제4조제1항 및 법 제6조제2항의 규정에 의한 경비업의 허가(추가 · 변경 · 갱신허가를 포함한다)의 경우에는 1만원 2. 허가사항의 변경신고로 인한 허가증 재교부의 경우에는 2천원

② 제1항의 규정에 의한 수수료는 허가 등의 신청서에 수입인지를 첨부하여 납부한다.

③ 시험에 응시하고자 하는 자는 경찰청장이 정하여 고시하는 수수료를 납부하여야 한다.

④ 경찰청장은 다음 각 호의 어느 하나에 해당하는 경우에는 제3항에 따라 받은 응시수수료의 전부 또는 일부를 다 음 각 호의 구분에 따라 반환하여야 한다. 〈개정 2014. 6. 3.〉

1. 응시수수료를 과오납한 경우: 과오납한 금액 전액

2. 시험시행기관의 귀책사유로 시험에 응시하지 못한 경우: 응시수수료 전액

3. 시험시행일 20일 전까지 접수를 취소하는 경우: 응시수수료 전액

4. 시험시행일 10일 전까지 접수를 취소하는 경우: 응시수수료의 100분의 50

⑤ 경찰청장 및 시·도경찰청장은 제2항 및 제3항의 규정에 불구하고 정보통신망을 이용하여 전자화폐·전자결제 등의 방법으로 수수료를 납부하게 할 수 있다.

〈신설 2004. 3. 17., 2011. 4. 4., 2020. 12. 31.〉

제29조(보안지도점검)

시·도경찰청장은 법 제25조의 규정에 의하여 특수경비업자에 대하여 연 2회 이상의 보안지도·점검을 실시하여야 한다. 〈개정 2020. 12. 31.〉

제30조(경비가 필요한 시설 등에 대한 경비의 요청)

시·도경찰청장은 행사장 그밖에 많은 사람이 모이는 시설 또는 장소에서 혼잡 등으로 인한 위험의 발생을 방지하기 위하여 법 제2조제3호의 규정에 의한 경비원에 의한 경비가 필요하다고 인정되는 때에는 행사개최일 전에 당해 행사의 주최자에게 경비원에 의한 경비를 실시하거나 부득이한 사유로 그것을 실시할 수 없는 경우에는 행사개최 24시간 전까지 시·도경찰청장에게 그 사실을 통지하여 줄 것을 요청할 수 있다. 〈개정 2020. 12. 31.〉

제31조(권한의 위임 및 위탁)

① 경찰청장은 법 제27조제1항의 규정에 의하여 다음 각호의 권한을 시·도경찰청장에게 위임한다. 〈개정 2020. 12. 31.〉

1. 법 제20조의 규정에 의한 경비지도사의 자격의 취소 및 정지에 관한 권한

2. 법 제21조제2호의 규정에 의한 경비지도사 자격의 취소 및 정지에 관한 청문의 권한

② 경찰청장 또는 경찰관서장은 법 제27조제2항의 규정에 의하여 법 제11조제1항의 규정에 의한 경비지도사시험의 관리와 경비지도사의 교육에 관한 업무를 경비업무에 관한 인력과 전문성을 갖춘 기관으로서 경찰청장이 지정하여 고시하는 기관 또는 단체에 위탁한다.

제31조의2(민감정보 및 고유식별정보의 처리)

경찰청장, 시·도경찰청장, 경찰서장 및 경찰관서장(제31조에 따라 경찰청장 및 경찰관서장의 권한을 위임·위탁받은 자를 포함한다)은 다음 각 호의 사무를 수행하기 위하여 불가피한 경우

「개인정보 보호법」 제23조에 따른 건강에 관한 정보, 같은 법 시행령 제18조제2호에 따른 범죄경력자료에 해당 하는 정보, 같은 영 제19조제1호 또는 제4호에 따른 주민등록번호 또는 외국인등록번호가 포함된 자료를 처리할 수있다. 〈개정 2014. 6. 3., 2020. 12. 31., 2021. 7. 13.〉

1. 법 제4조 및 제6조에 따른 경비업의 허가 및 갱신허가 등에 관한 사무 1의2. 법 제5조 및 제10조에 따른 임원, 경비지도사 및 경비원의 결격사유 확인에 관한 사무

2. 법 제11조에 따른 경비지도사 시험 등에 관한 사무

3. 법 제13조에 따른 경비원의 교육 등에 관한 사무

4. 법 제14조에 따른 특수경비원의 직무 및 무기사용 등에 관한 사무

5. 삭제〈2021. 7. 13.〉

6. 법 제18조에 따른 경비원 배치허가 등에 관한 사무

7. 법 제19조 및 제20조에 따른 행정처분에 관한 사무

8. 법 제24조에 따른 경비업자 및 경비지도사의 지도 · 감독에 관한 사무

9. 법 제25조에 따른 보안지도 · 점검 및 보안측정에 관한 사무

10. 제1호., 제1호의2, 제2호부터 제4호까지 및 제6호부터 제9호까지의 규정에 따른 사무를 수행하기 위하여 필요한 사무 [본조신설 2012. 1. 6.]

제31조의3(규제의 재검토)

경찰청장은 다음 각 호의 사항에 대하여 다음 각 호의 기준일을 기준으로 3년마다(매 3년이 되는 해의 기준일과 같은 날 전까지를 말한다) 그 타당성을 검토하여 개선 등의 조치를 해야 한다.

〈개정 2021. 3. 2.〉

1. 제3조제2항 및 별표 1에 따른 경비업의 시설 등의 기준: 2014년 6월 8일

2. 제22조에 따른 집단민원현장 배치 불허가 기준: 2014년 6월 8일

3. 삭제〈2021. 3. 2.〉

4. 삭제〈2021. 3. 2.〉

[본조신설 2014. 6. 3.]

제32조(과태료의 부과기준 등)

① 법 제31조제1항 및 제2항에 따른 과태료의 부과기준은 별표 6과 같다. 〈개정 2014. 6. 3.〉

② 시 · 도경찰청장 또는 경찰관서장은 「질서위반행위규제법」 제14조 각 호의 사항을 고려하여 별표 6에 따른 금액 의 100분의 50의 범위에서 경감하거나 가중할 수 있다. 다만, 가중하는 때에는 법 제31조제1항 및 제2항에 따른 과 태료 금액의 상한을 초과할 수 없다.

〈개정 2014. 6. 3., 2020. 12. 31.〉

③ 삭제〈2014. 6. 3.〉

④ 삭제〈2014. 6. 3.〉 [전문개정 2008. 11. 26.]

부칙〈제31884호, 2021. 7. 13.〉

이 영은 2021년 7월 13일부터 시행한다.

경비업
시행규칙

[시행 2021. 12. 31.]
[행정안전부령 제298호, 2021. 12. 31., 타법개정]

제1조(목적)

제1조(목적) 이 규칙은 경비업법 및 동법시행령에서 위임된 사항과 그 시행에 관하여 필요한 사항을 규정함을 목적으로 한다.

제2조(호송경비의 통지)

경비업법(이하 "법"이라 한다) 제4조제1항의 규정에 의하여 경비업의 허가를 받은 법인(이하 "경비업자"라 한다)은 법 제2조제1호 나목의 규정에 의한 호송경비업무를 수행하기 위하여 관할 경찰서의 협조를 얻고자 하는 때에는 현금 등의 운반을 위한 출발 전일까지 출발지의 경찰서장에게 별지 제1호서식의 호송경비통지서 (전자문서로 된 통지서를 포함한다)를 제출하여야 한다.

〈개정 2004. 12. 10.〉

제3조(허가신청 등)

① 법 제4조제1항 및 「경비업법 시행령」 (이하 "영"이라 한다) 제3조제1항에 따라 경비업의 허가를 받으려는 경우 또는 경비업자가 허가를 받은 경비업무를 변경하거나 새로운 경비업무를 추가하려는 경우에는 별지 제2호서식의 경비업 허가신청서 또는 변경허가신청서(전자문서로 된 신청서를 포함한다)에 다음 각 호의 서류(전자 문서를 포함한다)를 첨부하여 법인의 주사무소를 관할하는 시ㆍ도경찰청장 또는 해당 시ㆍ도경찰청 소속의 경찰서 장에게 제출하여야 한다. 이 경우 신청서를 제출받은 경찰서장은 지체 없이 관할 시ㆍ도경찰청장에게 보내야 한다. 〈개정 2004. 12. 10., 2006. 9. 7., 2011. 4. 4., 2020. 12. 31.〉

1. 법인의 정관 1부
2. 법인 임원의 이력서 1부
3. 경비인력ㆍ시설 및 장비의 확보계획서 1부(경비업 허가의 신청시 이를 갖출 수 없는 경우에 한한다)

② 제1항에 따른 신청서를 제출받은 시ㆍ도경찰청장은 「전자정부법」 제36조제1항에 따른 행정정보의 공동이용을 통하여 법인의 등기사항증명서를 확인하여야 한다.

〈신설 2006. 9. 7., 2008. 12. 5., 2010. 9. 10., 2020. 12. 31.〉

제4조(허가증 등)

① 영 제4조제2항의 규정에 의한 허가증은 별지 제3호서식에 의한다.
② 영 제4조제3항의 규정에 의한 허가증 재교부신청서는 별지 제4호서식에 의한다.

제5조(폐업 또는 휴업 등의 신고)

① 영 제5조제1항의 규정에 의한 폐업신고서와 동조제2항의 규정에 의한 휴업신고서 · 영업재개신고서 및 휴업기간연장신고서는 별지 제5호서식에 의한다. 〈개정 2003. 11. 17.〉

② 법 제4조제3항제2호에 따른 법인의 명칭 · 대표자 · 임원, 같은 항 제3호에 따른 주사무소 · 출장소나 영 제5조제 4항에 따른 정관의 목적이 변경되어 법 제4조제3항에 따른 신고를 하는 경우에는 별지 제6호서식의 경비업 허가사 항 등의 변경신고서(전자문서로 된 신고서를 포함한다)에 다음 각 호의 서류(전자문서를 포함한다)를 첨부하여 법인 의 주사무소를 관할하는 시 · 도경찰청장 또는 해당 시 · 도경찰청 소속의 경찰서장에게 제출하여야 한다. 변경신고 서를 제출받은 경찰서장은 이를 지체 없이 관할 시 · 도경찰청장에게 보내야 한다.

〈개정 2003. 11. 17., 2004. 12. 10., 2006. 2. 2., 2006. 9. 7., 2011. 4. 4., 2020. 12. 31.〉

1. 명칭 변경의 경우 : 허가증 원본

2. 대표자 변경의 경우

   가. 삭제 〈2006.9.7〉

   나. 법인 대표자의 이력서 1부 다. 허가증 원본

3. 임원 변경의 경우 : 법인 임원의 이력서 1부

4. 주사무소 또는 출장소 변경의 경우 : 허가증 원본

5. 정관의 목적 변경의 경우 : 법인의 정관 1부

③ 제2항에 따른 신고서를 제출받은 시 · 도경찰청장은 「전자정부법」 제36조제1항에 따른 행정정보의 공동이용을 통하여 법인의 등기사항증명서를 확인하여야 한다.

〈신설 2006. 9. 7., 2008. 12. 5., 2010. 9. 10., 2020. 12. 31.〉

④ 법 제4조제3항제5호의 규정에 의한 특수경비업무의 개시 또는 종료의 신고는 별지 제7호서식에 의한다. 〈개정 2006. 9. 7.〉

[제목개정 2003. 11. 17.]

제6조(허가갱신)

① 법 제6조제2항에 따라 경비업의 갱신허가를 받으려는 자는 허가의 유효기간 만료일 30일 전까지 별지 제2호서식의 경비업 갱신허가신청서(전자문서로 된 신청서를 포함한다)에 허가증 원본 및 정관(변경사항이 있 는 경우만 해당한다)을 첨부하여 법인의 주사무소를 관할하는 시 · 도경찰청장 또는 해당 시 · 도경찰청 소속의 경찰 서장에게 제출하여야 한다. 경비업 갱신허가신청서를 제출받은 경찰서장은 이를 지체 없이 관할 시 · 도경찰청장에 게 보내야 한다. 〈개정 2011. 4. 4., 2020. 12. 31.〉

② 제1항에 따른 신청서를 제출받은 시·도경찰청장은 「전자정부법」 제36조제1항에 따른 행정정보의 공동이용을 통하여 법인의 등기사항증명서를 확인하여야 한다.

〈신설 2006. 9. 7., 2008. 12. 5., 2010. 9. 10., 2020. 12. 31.〉

③ 시·도경찰청장은 법 제6조제2항의 규정에 의하여 갱신허가를 하는 때에는 유효기간이 만료되는 허가증을 회수 한 후 별지 제3호서식의 허가증을 교부하여야 한다.

〈개정 2006. 9. 7., 2020. 12. 31.〉

제6조의2(집단민원현장에 선임·배치된 경비지도사의 직무)

법 제7조제6항에 따라 경비업자는 집단민원현장에 선임· 배치된 경비지도사로 하여금 다음 각 호의 직무를 수행하도록 하여야 한다.

1. 법 제15조의2에 따른 경비원 등의 의무 위반행위 예방 및 제지
2. 법 제16조에 따른 경비원의 복장 착용 등에 대한 지도·감독
3. 법 제16조의2에 따른 경비원의 장비 휴대 및 사용에 대한 지도·감독
4. 법 제18조제1항 단서에 따라 집단민원현장에 비치된 경비원 명부의 관리 [본조신설 2014. 6. 5.]

제7조(특수경비원의 신체조건)

법 제10조제2항제4호에서 "행정안전부령이 정하는 신체조건"이라 함은 팔과 다리가 완 전하고 두 눈의 맨눈시력 각각 0.2 이상 또는 교정시력 각각 0.8 이상을 말한다.

〈개정 2008. 3. 6., 2013. 3. 23., 2014. 11. 19., 2017. 7. 26.〉

전문개정 2003. 11. 17.]

제8조(응시원서 등)

① 법 제11조의 규정에 의한 경비지도사시험에 응시하고자 하는 자는 별지 제8호서식의 응시원서 (전자문서로 된 원서를 포함한다)를 영 제31조제2항에 따라 경비지도사시험의 관리를 위탁받은 기관 또는 단체(이하 이 조에서 "시험관리기관"이라 한다)에 제출해야 한다.

〈개정 2004. 12. 10., 2019. 4. 23.〉

② 영 제13조에 따라 경비지도사 제1차 시험을 면제받으려는 사람은 같은 조 각 호의 면제 사유를 증명할 수 있는 서류로서 영 제11조제2항에 따른 공고에서 정하는 서류를 시험관리기관에 제출해야 한다.

〈신설 2019. 4. 23.〉

③ 시험관리기관은 제2항에 따른 서류 중 재직증명서 또는 경력증명서를 제출받은 경우에는

「전자정부법」 제36조 제1항에 따른 행정정보의 공동이용을 통하여 제출인의 국민연금가
입자가입증명 또는 건강보험자격득실확인서를 확인해야 한다. 다만, 제출인이 확인에 동의
하지 않는 경우에는 해당 서류를 제출하도록 해야 한다.   〈신설 2019. 4. 23.〉
[제목개정 2019. 4. 23.]

제9조(경비지도사에 대한 교육

① 법 제11조제1항에서 "행정안전부령이 정하는 교육"이라 함은 경비지도사에 대한 별 표 1의
규정에 의한 과목 및 시간의 교육을 말한다.

〈개정 2008. 3. 6., 2013. 3. 23., 2014. 11. 19., 2017. 7. 26.〉

② 제1항의 규정에 의한 교육에 소요되는 비용은 경비지도사의 교육을 받는 자의 부담으로 한
다.

제10조(경비지도사시험의 일부면제)

영 제13조제4호에서 "행정안전부령으로 정하는 교육과정을 이수한 사람"이란 다 음 각 호의 어
느 하나에 해당하는 사람을 말한다. 〈개정 2008. 3. 6., 2011. 4. 4., 2013. 3. 23., 2014. 11. 19., 2017. 7. 26.〉

   1. 고등교육법에 의한 전문대학 이상의 교육기관(경비지도사의 시험과목 3과목 이상이 개설
      된 교육기관에 한한다)에서 1년 이상의 경비업무관련 과정을 마친 사람
   2. 경찰청장이 지정하는 기관 또는 단체에서 실시하는 64시간 이상의 경비지도사 양성과정
      을 마치고 수료시험에 합 격한 사람

제11조(경비지도사자격증의 교부)

경찰청장은 법 제11조에 따른 경비지도사시험에 합격하고 제9조에 따른 경비지도사 교육을 받
은 사람에게는 별지 제9호서식의 경비지도사자격증 교부대장에 정해진 사항을 기재한 후, 별지
제10호서 식의 경비지도사 자격증을 교부해야 한다.   〈개정 2021. 12. 31.〉

제11조의2(경비원 직무교육 실시대장)

영 제17조제3항에 따른 경비원 직무교육 실시대장은 별지 제10호의2서식에 따 른다.
[본조신설 2011. 4. 4.]

제12조(일반경비원에 대한 신임교육의 실시 등)

① 영 제18조제1항에 따른 일반경비원 신임교육의 과목 및 시간은 별표 2와 같다.

② 경찰청장은 일반경비원에 대한 신임교육의 실시를 위하여 연도별 교육계획을 수립하고, 영 제18조제1항에 따른 일반경비원 신임교육 기관 또는 단체가 교육계획에 따라 교육을 실시하도록 하여야 한다. 〈개정 2006. 2. 2., 2014. 6. 5.〉

③ 삭제〈2014. 6. 5.〉

④ 영 제18조제1항에 따른 일반경비원 신임교육 기관 또는 단체의 장은 제1항에 따른 일반경비원 신임교육과정을 마친 사람에게 별지 제11호서식의 신임교육이수증을 교부하고 그 사실을 별지 제12호서식의 신임교육이수증 교부 대장에 기록해야 하며, 교육기관, 교육일, 교육이수증 교부번호 등을 포함한 신임교육 이수자 현황을 경찰청장에게 통보해야 한다. 〈개정 2014. 6. 5., 2019. 4. 23.〉

⑤ 경비업자는 일반경비원이 제1항의 규정에 의한 신임교육을 받은 때에는 제23조제1항의 규정에 의한 경비원의 명부에 그 사실을 기재하여야 한다.

⑥ 시 · 도경찰청장 또는 경찰서장은 제1항에 따른 일반경비원 신임교육을 받은 사람이 요청하는 경우에는 별지 제 12호의2서식의 신임교육 이수 확인증을 발급할 수 있다. 〈신설 2019. 4. 23., 2020. 12. 31.〉

제13조(일반경비원에 대한 직무교육의 시간 등)

① 영 제18조제3항에서 "행정안전부령으로 정하는 시간"이란 4시간을 말한다. 〈개정 2014. 6. 5., 2014. 11. 19., 2017. 7. 26.〉

② 영 제18조제3항에 따른 일반경비원에 대한 직무교육의 과목은 일반경비원의 직무수행에 필요한 이론 · 실무과 목, 그 밖에 정신교양 등으로 한다. 〈신설 2011. 1. 26., 2019. 4. 23.〉

[제목개정 2011. 1. 26.]

제14조(특수경비원 신임교육 기관 또는 단체의 지정 등)

① 영 제19조제1항에 의한 특수경비원 신임교육의 과정을 개설 하고자 하는 기관 또는 단체는 별표 3의 규정에 의한 시설 등을 갖추고 경찰청장에게 지정을 요청하여야 한다.

② 경찰청장은 제1항의 규정에 의한 교육과정을 개설하고자 하는 기관 또는 단체가 동항의 규정에 의한 지정을 요청 한 때에는 별표 3의 규정에 의한 기준에 적합한 지의 여부를 확인한 후 그 기준에 적합한 경우 이를 특수경비원 신 임교육을 실시할 수 있는 기관 또는 단체로 지정할 수 있다. 〈개정 2006. 2. 2.〉

③ 제2항의 규정에 의하여 지정을 받은 기관 또는 단체는 신임교육의 과정에서 필요한 경우에

는 관할 경찰관서장에 게 경찰관서 시설물의 이용이나 전문적인 소양을 갖춘 경찰관의 파견을 요청할 수 있다. 〈개정 2006. 2. 2.〉

[제목개정 2019. 4. 23.]

제15조(특수경비원에 대한 신임교육의 실시 등)

① 영 제19조제1항에 따른 특수경비원 신임교육의 과목 및 시간은 별표 4와 같다.

〈개정 2019. 4. 23.〉

② 영 제19조제1항에 따른 특수경비원 신임교육 기관 또는 단체의 장은 제1항에 따른 특수경비원 신임교육과정을 마친 사람에게 별지 제11호서식의 신임교육이수증을 교부하고 그 사실을 별지 제12호서식의 신임교육이수증 교부 대장에 기록해야 하며, 교육기관, 교육일, 교육이수증 교부번호 등을 포함한 신임교육 이수자 현황을 경찰청장에게 통보해야 한다.

〈개정 2014. 6. 5., 2019. 4. 23.〉

③ 경비업자는 특수경비원이 제1항의 규정에 의한 신임교육을 받은 때에는 제23조제1항의 규정에 의한 경비원의 명 부에 그 사실을 기재하여야 한다.

④ 시 · 도경찰청장 또는 경찰서장은 제1항에 따른 특수경비원 신임교육을 받은 사람이 요청하는 경우에는 별지 제 12호의2서식의 신임교육 이수 확인증을 발급할 수 있다.

〈신설 2019. 4. 23., 2020. 12. 31.〉

[제목개정 2019. 4. 23.]

제16조(특수경비원에 대한 직무교육의 시간 등)

① 영 제19조제3항에서 "행정안전부령으로 정하는 시간"이란 6시간을 말한다.

〈개정 2008. 3. 6., 2011. 1. 26., 2013. 3. 23., 2014. 6. 5., 2014. 11. 19., 2017. 7. 26.〉

② 관할경찰서장 및 공항경찰대장 등 국가중요시설의 경비책임자(이하 "관할경찰관서장"이라 한다)는 필요하다고 인정하는 경우에는 특수경비원이 배치된 경비대상시설에 소속공무원을 파견하여 직무집행에 필요한 교육을 실시 할 수 있다.

③ 영 제19조제3항에 따른 특수경비원에 대한 직무교육의 과목은 특수경비원의 직무수행에 필요한 이론 · 실무과 목, 그 밖에 정신교양 등으로 한다.

〈신설 2011. 1. 26., 2019. 4. 23.〉

[제목개정 2011. 1. 26.]

제17조(무기대여신청서)

영 제20조제1항의 규정에 의한 무기대여신청서는 별지 제13호서식에 의한다.

제18조(무기의 관리수칙 등)

① 법 제14조제4항에 따라 무기를 대여받은 국가중요시설의 시설주(이하 "시설주"라 한다) 또는 같은 조 제7항에 따른 관리책임자(이하 "관리책임자"라 한다)는 다음 각 호의 관리수칙에 따라 무기(탄약을 포 함한다. 이하 같다)를 관리해야 한다.

〈개정 2015. 9. 24., 2020. 12. 31., 2021. 12. 31.〉

1. 무기의 관리를 위한 책임자를 지정하고 관할경찰관서장에게 이를 통보할 것

2. 무기고 및 탄약고는 단층에 설치하고 환기 · 방습 · 방화 및 총받침대 등의 시설을 할 것

3. 탄약고는 무기고와 사무실 등 많은 사람을 수용하거나 많은 사람이 오고 가는 시설과 떨어진 곳에 설치할 것

4. 무기고 및 탄약고에는 이중 잠금장치를 하여야 하며, 열쇠는 관리책임자가 보관하되, 근무시간 이후에는 열쇠를 당직책임자에게 인계하여 보관시킬 것

5. 관할경찰관서장이 정하는 바에 의하여 무기의 관리실태를 매월 파악하여 다음 달 3일까지 관할경찰관서장에게 통보할 것

6. 대여받은 무기를 빼앗기거나 대여받은 무기가 분실 · 도난 또는 훼손되는 등의 사고가 발생한 때에는 관할경찰관 서장에게 그 사유를 지체없이 통보할 것

7. 대여받은 무기를 빼앗기거나 대여받은 무기가 분실 · 도난 또는 훼손된 때에는 경찰청장이 정하는 바에 의하여 그 전액을 배상할 것. 다만, 전시 · 사변, 천재 · 지변 그 밖의 불가항력의 사유가 있다고 시 · 도경찰청장이 인정한 때에는 그러하지 아니하다.

8. 시설주는 자체계획을 수립하여 보관하고 있는 무기를 매주 1회 이상 손질할 수 있게 할 것

② 시설주 또는 관리책임자는 고의 또는 과실로 무기(부속품을 포함한다)를 빼앗기거나 무기가 분실 · 도난 또는 훼 손되도록 한 특수경비원에 대하여 특수경비업자에게 교체 또는 징계 등의 조치를 요청할 수 있다. 이 경우 특수경비 업자는 특별한 사유가 없는 한 이에 응하여야 한다.

③ 법 제14조제4항의 규정에 의하여 무기를 대여받은 시설주 또는 관리책임자가 특수경비원에게 무기를 출납하고자 하는 때에는 다음 각호의 관리수칙에 따라 무기를 관리하여야 한다.

1. 관할경찰관서장이 무기를 회수하여 집중적으로 관리하도록 지시하는 경우 또는 출납하는 탄약의 수를 증감하거나 출납을 중지하도록 지시하는 경우에는 이에 따를 것

2. 탄약의 출납은 소총에 있어서는 1정당 15발 이내, 권총에 있어서는 1정당 7발 이내로 하

되, 생산된 후 오래된 탄약을 우선적으로 출납할 것

3. 무기를 지급받은 특수경비원으로 하여금 무기를 매주 1회 이상 손질하게 할 것

4. 수리가 필요한 무기가 있는 때에는 그 목록과 무기장비운영카드를 첨부하여 관할경찰관서장에게 수리를 요청할 것

④ 법 제14조제4항의 규정에 의하여 시설주로부터 무기를 지급받은 특수경비원은 다음 각호의 관리수칙에 따라 무기를 관리하여야 한다.

1. 무기를 지급받거나 반납하는 때 또는 무기의 인계 인수를 하는 때에는 반드시 "앞에 총"의 자세에서 "검사 총"을 할 것

2. 무기를 지급받은 때에는 별도의 지시가 없는 한 탄약은 무기로부터 분리하여 휴대하여야 하며, 소총은 "우로 어 깨걸어 총"의 자세를 유지하고, 권총은 "권총집에 넣어 총"의 자세를 유지할 것

3. 지급받은 무기를 다른 사람에게 보관·휴대 또는 손질시키지 아니할 것

4. 무기를 손질 또는 조작하는 때에는 총구를 반드시 공중으로 향하게 할 것

5. 무기를 반납하는 때에는 손질을 철저히 한 후 반납하도록 할 것

6. 근무시간 이후에는 무기를 시설주에게 반납하거나 교대근무자에게 인계할 것

⑤ 시설주는 다음 각 호의 특수경비원에 대하여 무기를 지급해서는 안 되며, 지급된 무기가 있는 경우 이를 즉시 회수해야 한다. 〈개정 2021. 12. 31.〉

1. 형사사건으로 인하여 조사를 받고 있는 사람

2. 사직 의사를 표명한 사람

3. 정신질환자

4. 그 밖에 무기를 지급하기에 부적합하다고 인정되는 사람

⑥ 시설주는 무기를 수송하는 때에는 출발하기 전에 관할경찰서장에게 그 사실을 통보하여야 하며, 통보를 받은 관 할경찰서장은 1인 이상의 무장경찰관을 무기를 수송하는 자동차 등에 함께 타도록 하여야 한다.

제19조(경비원의 복장 등 신고 등)

① 법 제16조제1항에 따라 경비원의 복장 신고(변경신고를 포함한다)를 하려는 경비 업자는 소속 경비원에게 복장을 착용하도록 하기 전에 별지 제13호의2서식의 경비원 복장 등 신고서(전자문서로 된 신고서를 포함한다. 이하 같다)를 경비업자의 주된 사무소를 관할하는 시·도경찰청장에게 제출하여야 한다. 〈개정 2020. 12. 31.〉

② 법 제16조제4항에 따라 경비원 복장 시정명령에 대한 이행보고를 하려는 경비업자는 별지

제13호의3서식의 시 정명령 이행보고서(전자문서로 된 보고서를 포함한다. 이하 같다)에 이행사실을 입증할 수 있는 사진 등의 서류를 첨부하여 시정명령을 한 시·도경찰청장에게 제출하여야 한다. 〈개정 2020. 12. 31.〉

③ 경비업자는 제1항에 따른 신고서 또는 제2항에 따른 이행보고서를 경비업자의 주된 사무소를 관할하는 시·도 경찰청장 소속 경찰서장을 거쳐 제출할 수 있다. 이 경우 신고서 또는 이행보고서를 받은 경찰서장은 지체 없이 경 비업자의 주된 사무소를 관할하는 시·도경찰청장에게 해당 신고서 또는 이행보고서를 보내야 한다. 〈개정 2020. 12. 31.〉

④ 경비원은 경비업무 수행 시 이름표를 경비원 복장의 상의 가슴 부위에 부착하여 경비원의 이름을 외부에서 알아 볼 수 있도록 하여야 한다. [전문개정 2014. 6. 5.]

제20조(경비원의 휴대장비)

① 법 제16조의2제1항에 따라 경비원은 근무 중 경적, 단봉, 분사기, 안전방패, 무전기 및 그 밖에 경비 업무 수행에 필요한 것으로서 공격적인 용도로 제작되지 아니하는 장비를 휴대할 수 있으며, 안전모 및 방 검복 등 안전장비를 착용할 수 있다.

② 제1항에 따른 경비원 장비의 구체적인 기준은 별표 5에 따른다. [전문개정 2014. 6. 5.]

제21조(출동차량 등의 신고 등)

① 법 제16조의3제2항에 따라 출동차량 등에 대한 신고(변경신고를 포함한다)를 하려는 경비업자는 출동차량 등을 운행하기 전에 별지 제13호의4서식의 출동차량등 신고서(전자문서로 된 신고서를 포함한 다. 이하 같다)를 경비업자의 주된 사무소를 관할하는 시·도경찰청장에게 제출하여야 한다. 〈개정 2020. 12. 31.〉

② 법 제16조의3제4항에 따라 출동차량 등의 시정명령에 대한 이행보고를 하려는 경비업자는 별지 제13호의3서식 의 시정명령 이행보고서에 이행사실을 입증할 수 있는 사진 등의 서류를 첨부하여 시정명령을 한 시·도경찰청장 에게 제출하여야 한다. 〈개정 2020. 12. 31.〉

③ 경비업자는 제1항에 따른 신고서 및 제2항에 따른 이행보고서를 경비업자의 주된 사무소를 관할하는 시·도경 찰청장 소속의 경찰서장을 거쳐 제출할 수 있다. 이 경우 신고서 또는 이행보고서를 받은 경찰서장은 지체 없이 경 비업자의 주된 사무소를 관할하는 시·도경찰청장에게 해당 신고서 또는 이행보고서를 보내야 한다. 〈개정 2020. 12. 31.〉

[전문개정 2014. 6. 5.]

제22조(결격사유 확인을 위한 범죄경력조회 요청)

① 법 제17조제2항에 따른 범죄경력조회 요청은 별지 제13호의5서 식의 범죄경력조회 신청서(전자문서로 된 신청서를 포함한다)에 따른다.

② 경비업자는 제1항에 따라 범죄경력조회를 요청하는 경우 다음 각 호의 서류를 첨부하여야 한다. 1. 경비업 허가증 사본 2. 별지 제13호의6서식의 취업자 또는 취업예정자 범죄경력조회 동의서 [전문개정 2014. 6. 5.]

제23조(경비원의 명부)

경비업자는 법 제18조제1항에 따라 다음 각 호의 장소에 별지 제14호서식의 경비원 명부(제2호 및 제3호의 경우에는 해당 장소에 배치된 경비원의 명부를 말한다)를 작성·비치하여 두고, 이를 항상 정리하여야 한다.

1. 주된 사무소

2. 영 제5조제3항에 따른 출장소

3. 집단민원현장 [전문개정 2014. 6. 5.]

제24조(경비원의 배치 및 배치폐지의 신고)

① 경비업자는 법 제18조제2항에 따라 경비업무를 수행하기 위하여 20일 이상 경비원을 배치하거나 그 기간을 연장하려는 때에는 경비원을 배치한 후 7일 이내에 별지 제15호서식의 경비원 배치신고서(전자문서로 된 신고서를 포함하며, 이하 "배치신고서"라 한다)를 배치지를 관할하는 경찰관서장에게 제 출해야 한다. 다만, 법 제18조제2항제2호 및 제3호에 해당하는 경비원을 배치하는 경우에는 경비원을 배치하는 기간 과 관계없이 경비원을 배치하기 전까지 제출해야 한다. 〈개정 2014. 6. 5., 2021. 7. 13.〉

② 법 제18조제2항제3호에 해당하는 특수경비원을 배치하는 경비업자는 배치신고서에 특수경비원 전원의 별지 제 15호의2서식의 병력(病歷)신고 및 개인정보 이용 동의서(이하 이 조에서 "동의서"라 한다)를 첨부하여 관할 경찰관 서장에게 제출해야 한다. 〈신설 2021. 7. 13.〉

③ 제2항에 따른 동의서를 제출받은 관할 경찰관서장은 국민건강보험공단 등 관계기관에 치료경력의 조회를 요청 할 수 있다. 〈신설 2021. 7. 13.〉

④ 관할 경찰관서장은 제2항에 따른 동의서의 기재내용 또는 관계기관의 조회결과를 확인하여 필요한 경우 경비업 자에게 다음 각 호의 서류를 제출하도록 요청할 수 있다. 이 경우 경비업자는 해당 특수경비원의 서류(제출일 기준6개월 이내에 발급된 서류에 한정한다)를 관할 경찰관서장에게 제출해야 한다. 〈신설 2021. 7. 13.〉

1. 영 제10조의2 각 호에 해당하지 않음을 증명하는 해당 분야 전문의의 진단서 1부

2. 영 제10조의2제3호 단서에 해당하는 경우 이를 증명하는 해당 분야 전문의의 진단서 1부

⑤ 제1항의 규정에 의하여 경비원의 배치신고를 한 경비업자가 경비원의 배치를 폐지한 때에는 배치폐지를 한 날부 터 7일 이내에 별지 제15호서식의 경비원 배치폐지신고서(전자문서로 된 신고서를 포함한다)를 배치지의 관할경찰 관서장에게 제출하여야 한다. 다만, 경비원 배치신고시에 기재한 배치폐지 예정일에 경비원의 배치를 폐지한 경우 에는 그러하지 아니하다. 〈개정 2004. 12. 10., 2009. 7. 1., 2021. 7. 13.〉

⑥ 시·도경찰청장 또는 경찰서장은 일반경비원 또는 특수경비원이나 일반경비원 또는 특수경비원으로 근무했던 사람이 요청하는 경우에는 별지 제12호의2서식의 배치폐지 확인증을 발급할 수 있다. 〈신설 2019. 4. 23., 2020. 12. 31., 2021. 7. 13.〉

제24조의2(집단민원현장에의 일반경비원 배치허가 신청 등)

① 법 제18조제2항 각 호 외의 부분 단서에 따라 집단민원 현장에 일반경비원 배치허가를 신청하려는 경비업자는 별지 제15호의3서식의 집단민원현장 일반경비원 배치허가 신청서(전자문서에 의한 신청서를 포함하며, 이하 "배치허가 신청서"라 한다)에 집단민원현장에 배치될 일반경비원 의 신임교육 이수증(영 제18조제2항에 따른 일반경비원 신임교육 면제 대상의 경우 신임교육 면제 대상에 해당함을 입증할 수 있는 서류를 말한다) 각 1부를 첨부하여 관할 경찰관서장에게 제출해야 한다. 〈개정 2021. 7. 13.〉

② 제1항에 따른 배치허가 신청서를 받은 관할 경찰관서장은 경비원 배치예정 일시 전까지 배치허가 여부를 결정하 여 경비업자에게 통보하여야 한다.

③ 제2항에 따라 일반경비원 배치허가를 받은 경비업자가 경비원 배치기간을 연장하려는 경우에는 배치기간이 만 료되기 48시간 전까지 배치허가 신청서를 관할 경찰관서장에게 제출하여 허가를 받아야 한다.

④ 제2항에 따라 일반경비원 배치허가를 받은 경비업자가 집단민원현장에 새로운 경비원을 배치하려는 경우에는 새로운 경비원을 배치하기 48시간 전까지 배치허가 신청서를 관할 경찰관서장에게 제출하여 허가를 받아야 한다.

⑤ 제2항에 따라 일반경비원 배치허가를 받은 경비업자가 경비원의 배치를 폐지한 때에는 배치폐지를 한 날부터 48시간 이내에 별지 제15호의4서식의 집단민원현장 일반경비원 배치폐지신고서(전자문서로 된 신고서를 포함한 다)를 관할 경찰관서장에게 제출해야 한다. 〈개정 2021. 7. 13.〉

⑥ 제2항에 따라 일반경비원 배치허가를 받은 경비업자가 집단민원현장에 배치된 경비지도사

를 변경한 경우에는 변경된 내용을 관할 경찰관서장에게 통보하여야 한다.

[본조신설 2014. 6. 5.]

제24조의3(경비원 근무상황 기록부)

① 경비업자는 법 제18조제5항에 따라 경비업무를 수행하는 경비원의 인적사항, 배치일시, 배치장소, 배치폐지일시 및 근무여부 등 근무상황을 기록한 근무상황기록부(전자문서로 된 근무상황기록 부를 포함한다. 이하 같다)를 작성하여 주된 사무소 및 출장소에 갖추어 두어야 한다.

② 경비업자는 제1항에 따른 근무상황기록부를 1년 동안 보관하여야 한다.

[본조신설 2014. 6. 5.]

제25조(경비전화의 가설)

① 관할경찰관서장은 시설주의 신청에 의하여 특수경비원이 배치된 국가중요시설 등에 경비전화를 가설할 수 있다.

② 제1항의 규정에 의하여 경비전화를 가설하는 경우의 소요경비는 시설주의 부담으로 한다.

제26조(갖추어 두어야 하는 장부 또는 서류)

① 특수경비원을 배치한 시설주는 다음 각호의 장부 및 서류를 갖추어 두어 야 한다.

1. 근무일지
2. 근무상황카드
3. 경비구역배치도
4. 순찰표철 5. 무기탄약출납부
6. 무기장비운영카드

② 특수경비원을 배치한 국가중요시설의 관할경찰관서장은 다음 각호의 장부 및 서류를 갖추어 두어야 한다.

1. 감독순시부
2. 특수경비원 전·출입관계철
3. 특수경비원 교육훈련실시부
4. 무기·탄약대여대장
5. 그 밖에 특수경비원의 관리 등을 위하여 필요한 장부 또는 서류

③ 제1항 및 제2항의 규정에 의한 장부 또는 서류의 서식은 경찰관서에서 사용하는 서식을 준용

한다.

제27조삭제 〈2014. 6. 5.〉

제27조의2(규제의 재검토)

경찰청장은 제20조에 따른 경비원이 휴대하는 장비 등에 대하여 2014년 6월 8일을 기준으 로 3년마다(매 3년이 되는 해의 6월 8일 전까지를 말한다) 그 타당성을 검토하여 개선 등의 조치를 하여야 한다. 〈개정 2014. 6. 5.〉

본조신설 2014. 1. 8.]

제28조(과태료 부과 고지서 등)

① 법 제31조제1항 및 제2항에 따른 과태료 부과의 사전 통지는 별지 제16호서식의 과 태료 부과 사전 통지서에 따른다. 〈개정 2014. 6. 5.〉

② 법 제31조제1항 및 제2항에 따른 과태료의 부과는 별지 제17호서식의 과태료 부과 고지서에 따른다. 〈개정 2014. 6. 5.〉

[전문개정 2008. 12. 5.]

부칙 〈제298호,2021. 12. 31.〉

(어려운 법령용어 정비를 위한 11개 법령의 일부개정을 위한 행정안전부령) 이 규칙은 공포한 날부터 시행한다.